COLLECTION
LE MONDE QUI VIENT

Collection

LE MONDE QUI VIENT

fondée par Baptiste Lanaspeze et Pascal Menoret

Catherine Larrère et Raphaël Larrère
BULLES TECHNOLOGIQUES

Ghassan Hage
LE LOUP ET LE MUSULMAN

Sarah Vanuxem
LA PROPRIÉTÉ DE LA TERRE

Roxanne Dunbar-Ortiz
CONTRE-HISTOIRE DES ÉTATS-UNIS

Marin Schaffner (éd.)
UN SOL COMMUN

Estienne Rodary
L'APARTHEID ET L'ANIMAL

Raphaël Mathevet et Arnaud Béchet
POLITIQUES DU FLAMANT ROSE

Amitav Ghosh
LE GRAND DÉRANGEMENT

Collectif
PLURIVERS : UN DICTIONNAIRE DU POST-DÉVELOPPEMENT

Vandana Shiva
MONOCULTURES DE L'ESPRIT

Mathias Rollot
LES TERRITOIRES DU VIVANT : UN MANIFESTE BIORÉGIONALISTE

COMMENT S'ORIENTER ?

Autres ouvrages de David Holmgren traduits en français

Permaculture : principes et pistes d'action pour un mode de vie soutenable, Rue de l'échiquier, 2014 [2002]

Perma-culture 1 : une agriculture pérenne pour l'autosuffisance et les exploitations de toutes tailles, avec Bill Mollison, Charles Corlet, 2011 [1986]

Autre ouvrage de Sébastien Marot

L'Art de la mémoire, le territoire et l'architecture, La Villette, 2010

Suivi éditorial : Georgia Lyon Froman
Composition : B. L.
Correction : Laure Dupont

ISBN 978-2-381140-490
Imprimé en France

DAVID HOLMGREN

COMMENT S'ORIENTER ?

Permaculture et descente énergétique

Textes choisis,
traduits de l'anglais (Australie)
et présentés par Sébastien Marot

Wildproject

Sommaire

Imaginer et projeter la descente : le parcours de David Holmgren

Introduction de Sébastien Marot

Cofondateur, avec son aîné Bill Mollison (1928-2016), du concept de permaculture, David Holmgren (1955-) peut être considéré comme le principal théoricien du mouvement et de la nébuleuse internationale des initiatives qui s'y rattachent ou s'en réclament aujourd'hui. Ainsi la ferme de Melliodora, dans l'État australien de Victoria, qu'il a commencé à développer avec sa compagne Su Dennett dans les années 1980, est-elle peu à peu devenue l'un des grands foyers, voire La Mecque de la conception et de la réflexion permaculturelles. Quatre livres majeurs jalonnent l'originale trajectoire intellectuelle de Holmgren, et l'on peut s'en servir de balises pour la résumer brièvement.

1978 : *Permaculture One*

C'est en 1974, et après une année de voyage en stop à travers l'Australie, que Holmgren, né dix-neuf ans plus tôt dans une famille d'activistes et d'opposants à la guerre du Vietnam, rejoint le département d'*environmental design* de l'université de Hobart, en Tasmanie, pour y étudier l'architecture de paysage, l'agriculture et l'écologie, et qu'il rencontre ainsi Bill Mollison, un enseignant original avec qui il va travailler pendant quatre années d'échanges et d'intense collaboration. Mollison, qui avait quitté l'école à 15 ans au début des années 1940 pour vivre de toutes sortes de boulots (pêcheur, bûcheron, trappeur, braconnier, conducteur d'engins, etc.), avait ensuite travaillé quelques années dans la branche environnementale de la Commonwealth Scientific and Industrial Research Organisation (CSIRO), puis comme conservateur du musée de Tasmanie, avant d'entreprendre enfin des études à Hobart au milieu des années 1960, où il avait obtenu un diplôme de biogéographie. Se mettant aussitôt à enseigner dans cette université, il y avait alors fondé un département de psychologie environnementale. Personnage haut en couleur, fourmillant d'idées et très critique vis-à-vis des méthodes de l'agriculture industrielle qu'il avait observées de près, Mollison s'était en même temps convaincu de l'inutilité de toute démarche d'opposition qui ne serait pas fondée sur la définition, l'expérimentation et la démonstration d'alternatives viables à ces agrosystèmes industriels.

L'entrée en scène du jeune Holmgren, en 1974, paraît avoir eu un effet de catalyse extrêmement efficace sur la nébuleuse des expériences et des idées de Mollison. Esprit très indépendant, et déjà équipé grâce à son année de vadrouille d'un petit bagage d'observations personnelles, le jeune homme apporte surtout à son aîné les ingrédients décisifs d'une grande curiosité scientifique et d'un penchant pour la réflexion approfondie et structurée. À côté des expériences d'horticulture que tous deux mènent ensemble, de l'étude des agrosystèmes indigènes préindustriels et de toute la littérature agronomique, anthropologique et environnementale qu'ils éclusent à l'appui de leurs recherches, Holmgren explore en particulier deux filons de réflexion qui vont prendre une importance croissante dans son travail : d'une part l'énergétique des systèmes, soutenue par une lecture attentive des travaux de Howard T. Odum (dont le livre *Environment, Power and Society* était paru en 1971), et d'autre part la théorie du design, en particulier du design d'environnement ou de l'aménagement des sites, stimulée par l'étude de toutes sortes d'auteurs familiers des architectes, urbanistes ou paysagistes tels que Kevin Lynch, Ian McHarg ou Christopher Alexander.

Le fruit principal de ces quatre années d'échanges soutenus est un essai, essentiellement écrit par Holmgren comme une sorte de mémoire de licence (mais très nourri par les idées de Mollison), que les deux compères signeront en commun et publieront en 1978 sous le titre *Permaculture One: A Perennial Agriculture for Human Settlements.* C'est ce livre fondateur qui va mettre en circulation le néologisme « permaculture » (contraction du syntagme « agriculture permanente ») pour désigner « un système évolutif et intégré d'autoperpétuation d'espèces végétales et animales utiles à l'homme », c'est-à-dire une démarche d'horto-agriculture résiliente, alternative aux agrosystèmes industriels, visant à une certaine autosuffisance et susceptible d'être développée (moyennant adaptation *ad hoc*) dans des sites de toutes tailles et de toutes natures.

> Les paysages stables façonnés par l'homme à l'échelle d'une région sont rares. Ils exigent un effort et une attention inlassables de la part de celui-ci (Kevin Lynch, *Site Planning*). Pourtant, un paysage équilibré, productif et foncièrement beau et harmonieux est peut-être la plus haute valeur matérielle qu'une société puisse recevoir en héritage. L'habileté dans l'agencement paysager semble évidente dans quelques cultures agraires « précivilisées », mais depuis qu'on assiste à une prépondérance de l'habileté technique sur les traditions spirituelles et culturelles, l'aménagement des sites s'est rétréci à l'échelle urbaine et est devenu ornemental plutôt qu'utilitaire. La conception du paysage rural productif dans les pays industrialisés modernes ne relève d'aucun modèle traditionnel stable, ni d'aucune nouvelle science rationnelle, ni d'aucun art[1].

L'ambition de Mollison et Holmgren est de contrer cette évolution en décrivant les principes théoriques et pratiques d'une approche de l'aménagement de sites vivriers qui s'inspire de la méthode Keyline développée par l'agricul-

---

1. *Permaculture One*, 1978 [traduction en français, *Perma-culture 1*, Paris : Debard, 1986, p. 61].

teur-agronome australien Percival Alfred Yeomans[2] et de son « échelle de permanence » (1. Climat, 2. Configuration topographique, 3. Approvisionnement en eau, 4. Routes de desserte, 5. Arbres, 6. Bâtiments permanents, 7. Clôtures, 8. Sols), qu'ils complètent (entre 5 et 6) par l'échelon des « Ensembles végétaux ». Et de fait, c'est dans ce mémoire fondateur de 1978, agrémenté de multiples tableaux et annexes, que sont jetées les bases du design permaculturel et de son approche fonctionnaliste de l'analyse et de l'aménagement des sites en *zones* (selon le degré d'attention qu'elles réclament), *secteurs* (selon les orientations et l'influence de facteurs tels que le soleil et le vent), *pentes* et *microclimats*.

2002 : *Permaculture : Principles and Pathways Beyond Sustainability*

Dès la parution de *Permaculture One*, il semble que les trajectoires de Mollison et de Holmgren se soient mises à passablement diverger. De fait, c'est sous sa seule signature que Mollison fait paraître en 1979, l'année où il démissionne de Hobart, une sorte de suite ou de reprise sous le titre *Permaculture Two : Practical Design for Town and Country in Permanent Agriculture*. Et au cours des décennies suivantes, en fondant le Permaculture Institute et en multipliant les cours, livres et conférences, c'est lui qui va devenir le grand avocat et représentant d'un mouvement qui essaime à l'échelle internationale. Holmgren, de son côté, « modeste,

---

2. Percival Alfred Yeomans, ingénieur des mines devenu agriculteur et éleveur en Nouvelle-Galles du Sud, a publié quatre ouvrages qui sont devenus des références en matière d'agriculture durable, en particulier pour les questions du « climat et de l'hydrologie des sols » : *The Keyline Plan* (1954), *The Challenge of Landscape : The Development and Practice of Keyline* (1958), *The City Forest: The Keyline Plan for the Human Environment Revolution* (1971), et *Water for Every Farm: A Practical Irrigation Plan for Every Australian Property* (1973).

réfléchi, perfectionniste et persévérant[3] », s'attache surtout à approfondir et mettre à l'épreuve les principes et réflexions qu'il a développés, tout d'abord sur la propriété de sa mère dans l'État de Nouvelle-Galles du Sud (expérience qu'il rapportera dans un livre publié en 1985 : *Permaculture in the Bush*), puis sur le site de Melliodora qu'il a aménagé avec sa compagne Su Dennett à partir du milieu des années 1980 et qui a lui aussi donné lieu à une publication en 1996, plusieurs fois mise à jour[4]. Pendant toutes ces années, Holmgren fait de Melliodora, où il s'investit tant comme constructeur que comme jardinier, à la fois une expérience soutenue de design permaculturel, le foyer d'un réseau d'initiatives similaires entreprises dans la région, un centre d'enseignement pratique, un laboratoire de réflexion théorique et un siège d'édition et de diffusion des leçons et réflexions glanées au cours de toutes ces activités (au sein de sa structure Holmgren Design Services). En fait, la pensée de Holmgren suit alors un double mouvement, d'abord d'enracinement dans le local, c'est-à-dire dans l'aménagement et la gestion pratique d'un site et d'un « jardin d'amis », mais aussi d'élucidation et d'approfondissement progressifs des principes et fondements de la permaculture, qu'il développe peu à peu en une authentique philosophie pratique de l'existence et de la subsistance des foyers et des communautés dans un monde confronté à un futur de « descente énergétique ».

En 2002, après l'avoir patiemment élaboré et testé au cours des formations dispensées à Melliodora et ailleurs, c'est l'ensemble de cette philosophie qu'il expose dans un

3. Stuart B. Hill, « Avant-propos » à *Permaculture: Principles and Pathways Beyond Sustainability*, White River Junction : Chelsea Green Publishing, 2002.

4. *Melliodora. Hepburn Permaculture Gardens: Ten Years of Sustainable Living* (1996), puis *Melliodora. Hepburn Permaculture Gardens: A Case Study in Cool Climate Permaculture, 1985-2005*, Hepburn (Victoria) : Holmgren Design Services, 2005.

livre ambitieux, extrêmement nourri et structuré, qui s'est imposé depuis comme l'argumentaire le plus systématique du paradigme de la permaculture et comme la grande référence théorique du mouvement. Holmgren y part d'une définition de la discipline qui la pose d'emblée non seulement comme une « agriculture permanente » – « des paysages élaborés en toute conscience qui imitent les schémas et relations observés dans la nature et fournissent nourriture, fibres et énergie pour subvenir aux besoins locaux[5] »–, mais bel et bien comme une « culture permanente » qui, non contente de se focaliser sur la gestion de la Terre et de la nature, embrasserait l'ensemble des activités et de l'organisation des individus : environnement bâti, outils et technologie, éducation, santé, etc. Et il assortit cette définition par extension d'une définition par intention qui est tout l'objet du livre :

> Pour être plus précis, je dirais que je considère la permaculture comme le recours à un mode de pensée systémique et à des principes de conception [*design*] qui fournissent un cadre organisationnel au sein duquel il est possible de concrétiser le concept décrit ci-dessus [de culture permanente]. Elle réunit l'ensemble des idées, des compétences et des modes de vie que nous devrions redécouvrir et développer pour devenir des citoyens responsables et productifs, plutôt que des consommateurs dépendants[6].

---

5. David Holmgren, *Permaculture : principes et pistes d'action pour un mode de vie soutenable*, traduction d'Agnès El Kaïm, Paris : Rue de l'échiquier, 2014 [2002], p. 36. Si cette traduction française est par ailleurs excellente, le choix de traduire le « *Beyond Sustainability* » du titre par « pour un mode de vie soutenable » est, il faut bien le dire, franchement biaisé.

6. *Ibid.*, p. 37.

En donnant à cette philosophie systémique une forme géométrique qui en facilite l'intégration et la mémorisation, Holmgren la ramène à une triade de principes éthiques (prendre soin de la Terre, prendre soin des humains, redistribuer les surplus), qui occupe le centre d'un cercle de douze principes de conception que le livre explicite et discute tour à tour en tissant entre eux tout un réseau de renvois. Comme on le voit, la permaculture, ainsi comprise comme un ensemble cohérent de règles pratiques pour la direction de l'esprit, est une théorie du ménagement de l'existence et des milieux fondée sur la notion de design, et qui engage une philosophie de l'histoire : « L'agriculture traditionnelle était intensive en travail, l'agriculture industrielle est intensive en énergie, et les systèmes de conception permaculturelle sont intensifs en information et en design[7]. » L'expression « *Beyond Sustainability* » affichée dans le titre du livre est à prendre au sens fort :

> En présentant la permaculture comme autant de principes et de pistes d'action permettant d'aller au-delà du développement durable, je laisse entendre que nous devons dépasser les notions naïves et simplistes du développement durable vu comme un futur accessible pour nous ou nos petits-enfants, et accepter notre rôle, c'est-à-dire utiliser notre habitude du changement permanent pour nous adapter à la descente énergétique.

2008 : *Future Scenarios*

L'ampleur et la profondeur des vues présentées dans *Permaculture : principes et pistes d'action pour un mode de vie soutenable*, étayées par un engagement personnel exemplaire, un solide bon sens pratique et une maîtrise impressionnante de la littérature scientifique et historique, posent rapidement Holmgren comme le théoricien le plus conséquent

---

7. *Ibid.*

des tenants et aboutissants de la permaculture. Les années qui suivent la parution du livre sont ainsi marquées par des sollicitations variées qui vont l'amener à préciser et expliciter ce qu'il tient pour les présupposés historico-politiques de la démarche, et en particulier le concept de descente énergétique qui est au cœur de son plaidoyer pour la permaculture. Tout d'abord, il se met à participer activement à des forums de discussion entre spécialistes des questions énergétiques, en particulier *The Energy Bulletin* et *The Oil Drum*, qui lui font nouer de fructueuses collaborations avec des experts tels qu'Adam Grubb ou Richard Heinberg (dont les fameux ouvrages *Powerdown: Options and Actions for a Post-carbon World*, et *Peak Everything: Waking Up to the Century of Declines* paraissent respectivement en 2004 et 2007). En parallèle, et à l'invitation de plusieurs personnalités ou collectifs qui ont entrepris de mettre en œuvre les principes de la permaculture ou de l'agroforesterie à travers le monde, Holmgren effectue plusieurs voyages d'étude ou de conférences, en particulier deux tournées de plusieurs mois en Amérique latine qui l'amènent notamment en Argentine, au Chili, au Venezuela, au Mexique et à Cuba.

Au cours de ces années, où sa réflexion trouve un écho et des prolongements dans le travail de plusieurs jeunes collègues, notamment l'Irlandais Rob Hopkins – qui transpose l'approche permaculturelle de Holmgren à l'échelle de territoires urbains en fondant le mouvement des Villes en transition –, Holmgren développe une réflexion de fond sur les scénarios latents sous-tendant les différentes visions du futur énergétique qui ont cours dans nos sociétés. Ces visions communes du futur, concurrentes les unes des autres, Holmgren en distingue essentiellement quatre :

1. La techno-explosion, qui suppose que la découverte de nouvelles sources d'énergie abondante et concentrée permettra de poursuivre une croissance continue de pou-

voir et de richesse, et qui est généralement associée à la conquête spatiale d'autres planètes.
2. La technostabilité (ou développement durable), qui postule qu'une transition vers des technologies et des énergies renouvelables permettra de faire perdurer, voire d'améliorer la qualité des services fournis par les systèmes actuels, et dont l'emblème est le panneau solaire.
3. La descente énergétique, qui suppose une réduction par paliers de l'énergie et des ressources disponibles, ainsi qu'une réduction afférente de la complexité et de la démographie des sociétés humaines, et dont l'arbre (symbole des ressources biologiques devenues essentielles) est une bonne image.
4. L'effondrement, c'est-à-dire la dégringolade en chaîne de tous les systèmes interdépendants qui soutiennent la société industrielle.

La thèse d'Holmgren est que, de ces quatre visions du futur, la descente énergétique est à la fois la plus plausible et la plus négligée de toutes, c'est-à-dire celle qui a le moins retenu l'attention des chercheurs et des planificateurs, à l'exception des tenants de la permaculture :

> La permaculture fut l'un des concepts de projet environnemental à émerger du débat des années 1970 sur la disponibilité de l'énergie et des ressources, et il était fondé sur l'idée que la prochaine transition énergétique impliquerait le retour des systèmes biologiques au cœur de l'économie et de la société. La vision qui inspirait le projet, l'enseignement et l'action de la permaculture était celle d'une production relocalisée de la nourriture et de l'énergie renouvelable, avec des économies familiales et communautaires revitalisées, et des structures politiques biorégionales qui établiraient une culture humaine permanente (c'est-à-dire soutenable). L'usage opportuniste de la richesse et

des déchets produits par les énergies fossiles pour soutenir la transition était partie intégrante de la stratégie de la permaculture. Je vois le design permaculturel générer un capital biologique et humain plus approprié de façons qui réclament moins de ressources physiques et avec des taux de dépréciation faibles qui correspondent bien à un monde de descente énergétique[8].

Dès lors, la réflexion que développe Holmgren consiste à réinterpréter les quatre visions du futur comme quatre « scénarios de descente » obtenus en croisant les deux gradients, déterminants à ses yeux, que sont le changement climatique d'une part et le pic des énergies fossiles d'autre part. L'idée centrale de *Future Scenarios: How Communities Can Adapt to Peak Oil and Climate Change* – qui sera d'abord publié en ligne en 2008, avant d'être diffusé sous forme de livre par Chelsea Green quelques mois plus tard – est en effet que ce sont la simultanéité et l'intersection de ces deux phénomènes, en fonction de leur rapidité respective, qui détermineront largement, à moyen terme, les formes que pourrait prendre le futur des sociétés humaines. Le quatrième chapitre de ce livre que nous donnons ci-après en traduction française est celui où Holmgren détaille ces quatre scénarios de descente – Brown Tech, Green Tech, intendance de la Terre et canots de sauvetage – et fournit ainsi une précieuse table d'orientation à la réflexion prospective ou conjecturale.

Comme Holmgren le précise lui-même dans la suite du livre, on aurait tort de voir ces quatre scénarios comme des futurs alternatifs, bien définis et mutuellement exclusifs les uns des autres. Non seulement ils peuvent se produire simultanément dans un monde où les conditions régionales dif-

8. David Holmgren, *Future Scenarios: How Communities Can Adapt to Peak Oil and Climate Change*, White River Junction : Chelsea Green Publishing, 2009, p. 30-31.

fèrent passablement, mais on peut également les voir comme des phases susceptibles de s'enchaîner, et même comme des modèles encastrés les uns dans les autres en fonction des échelles considérées. Leur vertu principale est d'encourager l'engagement réfléchi des individus et des groupes :

> L'exploration des scénarios de descente énergétique est une initiative organique que j'ai entreprise avec l'intention didactique de mettre en lumière la façon dont l'histoire est déterminée par des facteurs énergétiques et environnementaux à grande échelle plus que par les idéologies et par les actions héroïques de quelques individus. Mais mon ambition était d'encourager ceux qui se vouent aux valeurs écologiques et à la justice sociale à être efficaces dans leurs efforts pour créer le monde que nous voulons, et à ne pas se contenter de résister à celui dont nous ne voulons pas. En fin de compte, cette initiative m'a conduit à élaborer un récit qui puisse aider à enfanter ce monde, ce qui est en contradiction apparente avec mes prémisses de départ. La raison en est que si la première leçon sur les forces à grande échelle qui contrôlent le cours de l'histoire vaut sans doute pour les longues périodes de stabilité, il est également vrai que, pendant les périodes de chaos écologique et culturel, ce sont souvent de petits groupes de personnes qui ont joué un rôle clé de transition[9].

2018 : *RetroSuburbia: The Downshifter's Guide to a Resilient Future*

Au cours des dix années qui se sont écoulées après la parution de *Future Scenarios*, la réflexion de Holmgren, qui a décidé vers cette époque de ne plus voyager en avion, a pris un tour résolument localiste en se concentrant sur la façon dont les habitants de sa propre région du sud de l'État de Victoria,

9. *Ibid.*, p. 113.

autour de Melbourne, pourraient se préparer à un futur de descente énergétique, et en développant l'idée forte, latente dans son travail depuis le début, selon laquelle la meilleure stratégie à cet effet consiste à « réaménager et reruraliser la banlieue (*suburbia*) plutôt qu'à reconstruire et redensifier nos villes pour réduire la dépendance à l'automobile ». Le fruit de cette réflexion soutenue, annoncé depuis 2005 par toute une série de conférences et d'articles, est un gros ouvrage abondamment illustré, qui a fini par paraître en février 2018 sous le titre *RetroSuburbia: The Downshifter's Guide to a Resilient Future*[10]. De ce livre, véritable chef-d'œuvre éditorial qui tient à la fois « du manuel et du manifeste » et qui est très inspiré par le *pattern language* de Christopher Alexander, Holmgren explique qu'il est le plus ambitieux qu'il ait jamais produit :

> En m'adressant à un public local plutôt que planétaire et en recourant au jargon australien plutôt qu'à l'anglo-américain, je remets délibérément en question la convention de l'industrie éditoriale qui veut que l'on adapte son message au public le plus large possible (et que l'on donne à la majorité l'impression que l'on s'adresse directement à elle). Je fais confiance à l'intelligence de mes lecteurs éloignés, ainsi qu'à leur capacité à traduire et transposer les idées aux situations qui sont les leurs[11].

En se focalisant ainsi sur une région qu'il connaît parfaitement et où il peut s'appuyer sur quantité d'exemples et d'expériences menées par des individus, des familles ou des collectifs plus ou moins liés au réseau de permaculture qu'il a contribué à développer depuis plus de trois décennies, Holmgren s'attache à expliciter et détailler concrètement

---

10. David Holmgren, *RetroSuburbia: The Downshifter's Guide to a Resilient Future*, Melliodora : Holmgren Design, 2018.

11. *Ibid.*, p. 11.

tout un éventail de stratégies, de « motifs » et de solutions pratiques que les uns et les autres peuvent mettre en œuvre pour transformer leurs « maisons, jardins et styles de vie » afin de devenir plus autosuffisants et résilients dans leur environnement local. Après avoir planté le décor en décrivant systématiquement les mutations d'un segment de rue imaginaire d'un lotissement typique des banlieues « à l'américaine » qui se sont étendues autour de Melbourne (depuis l'âge d'or du baby-boom de l'après-guerre jusqu'aux effets anticipés de la « Seconde Grande Dépression des années 2020 »), ce livre étonnant, tant par sa structure que par son foisonnement, balaie en trois grandes sections (champ construit, champ biologique, champ comportemental) de dix chapitres chacune l'intégralité des secteurs compris dans la « fleur de la permaculture ». S'en dégage un portrait systématique du tour et des motifs que pourrait prendre localement, aujourd'hui, l'émergence par le bas (*bottom-up*) d'un scénario d'intendance de la Terre qui se développerait à partir de la réalité d'une condition suburbaine somme toute assez générique. Ses leçons sont donc aisément extrapolables.

Tout comme Holmgren avait dédié *Permaculture : principes et pistes d'action pour un mode de vie soutenable* à la mémoire de Howard T. Odum, il a dédié *RetroSuburbia* à une autre de ses sources d'inspiration majeure, à savoir l'auteur et penseur agrarien Wendell Berry, dont il cite en exergue le passage suivant :

> Mes croyances et mon expérience me disent que l'imagination s'épanouit grâce au contact et à la connexion tangible. Si les hommes veulent avoir un rapport responsable au monde, ils doivent imaginer leurs lieux dans ce monde. Pour avoir un lieu, pour vivre dans et appartenir à un lieu, pour vivre d'un lieu sans le détruire, nous devons imaginer ce lieu. Par l'imagination, nous le voyons illuminé par son caractère unique et par l'amour que nous lui portons. Par

> l'imagination, nous éprouvons de la sympathie pour les compagnons, humains et non humains, avec qui nous partageons ce lieu. Grâce à cette expérience locale, nous reconnaissons la nécessité d'accorder une espèce de sympathie préemptive à tous ces compagnons, à tous les voisins avec qui nous partageons le monde. Tout comme l'imagination permet la sympathie, la sympathie permet l'affection. Et c'est dans l'affection que nous trouvons la condition d'une économie solidaire, bienveillante et résiliente[12].

En attendant que ce remarquable ouvrage inspire une authentique transposition sous nos latitudes (plutôt qu'une simple traduction dans notre langue), il nous semble opportun que ceux qui se destinent à projeter et construire exercent un peu leur imagination sur les hypothèses qui ont conduit Holmgren à le concevoir, et en particulier sur les futurs de descente énergétique que l'intersection du changement climatique et du pic des énergies fossiles pourrait bien nous réserver dans les années qui viennent.

★

Le parcours intellectuel que balisent ces quatre livres a également été jalonné par l'écriture et la diffusion d'un grand nombre de textes et essais plus courts, touchant aussi bien au sens, aux principes et à la pratique de la permaculture qu'à des prises de position publiques inspirées par l'évolution de la réflexion prospective engagée dans *Future Scenarios*. Tous ces textes sont régulièrement publiés en ligne et en libre accès sur le site de David Holmgren : www.holmgren.com.au.

L'un de ces essais, « Crash on Demand: Welcome to the Brown Tech Future » (2013) mérite d'être évoqué ici dans

---

12. Wendell Berry, « It All Turns on Affection » (Jefferson Lecture, 2012), cité par Holmgren dans *RetroSuburbia*.

la mesure où il représente une importante mise à jour de l'argument de *Future Scenarios* et aide ainsi à comprendre le tour calmement radical qu'a pris la réflexion d'Holmgren dans ses textes plus récents. « Crash on Demand » constate d'abord deux choses : d'une part les relatifs succès du système industriel et financier mondial à retarder les effets de la descente énergétique (en s'engouffrant par exemple dans l'exploitation des huiles et gaz non conventionnels, qui l'aggravera considérablement à moyen terme), et d'autre part l'inquiétante accélération des effets du changement climatique (toujours révisés à la hausse par chaque nouveau rapport du GIEC). Le croisement de ces deux paramètres permet donc de désigner le Brown Tech comme le scénario vraiment émergent, et de prédire l'échec, voire la contre-performance, des mouvements qui prétendent corriger ou réformer ce système mondial de l'intérieur. Dans cette situation, et face à une gouvernance évoluant quasi mécaniquement vers le fascisme (que Mussolini définissait lui-même comme « une fusion des puissances de l'État et de l'industrie »), Holmgren ne voit d'espoir raisonnable que dans un mouvement qui verrait de plus en plus d'individus et de collectifs soustraire une part croissante de leurs modes de vie au système de l'échange marchand et précipiter ainsi (le plus tôt sera le mieux) l'effondrement de ce système. D'après ses estimations, il suffirait que 10 % de la population prenne la tangente vers la simplicité volontaire ou la permaculture pour saper les bases et la rentabilité de ce système. Prenant le risque que ce point de vue le catalogue comme « terroriste » (y compris aux yeux des permaculteurs apolitiques), Holmgren le qualifie plutôt de « terraiste ».

Depuis 2019 et pendant les deux années qu'a duré la politique de confinement sévère imposée en Australie, l'activité d'écriture de David Holmgren a clairement connu une montée en régime et produit coup sur coup plusieurs textes de fond, très discutés et controversés dans la sphère de la permaculture et des mouvements apparentés, qui méritent à notre avis d'être lus, réfléchis et diffusés dans le monde francophone.

Nous avons donc choisi de présenter ici, en plus du chapitre central de *Future Scenarios*, qui synthétise son excellente boussole prospective, la traduction française de quatre de ces textes récents, donnés dans l'ordre chronologique de leur mise en ligne.

Le premier, publié en mars 2019, soit un an avant la pandémie du covid-19, se présente comme une lettre d'excuses écrite au nom de la génération des baby-boomers (celle des personnes nées dans les nations riches du monde occidental entre 1945 et 1965), à laquelle David Holmgren appartient, du moins par son année de naissance (1955). Parodiant le discours public d'excuses que le Premier ministre australien Kevin Rudd prononça au Parlement fédéral, le 13 février 2008, à l'adresse des peuples indigènes spoliés et martyrisés par la colonisation de leur continent, ce texte, écrit pour soutenir l'activisme environnemental des jeunes générations, dresse un véritable réquisitoire des responsabilités plus ou moins candides de leurs parents dans la considérable aggravation de la situation globale et dans l'amoindrissement de leurs moyens d'y faire face.

Le second, mis en ligne en mai 2020, soit deux mois après l'instauration des mesures strictes de confinement décrétées pour combattre la pandémie de covid-19, est une première analyse, à chaud, des vertus révélatrices de cette crise quant à l'état d'un monde clairement entré dans un scénario Brown Tech, où le clivage des classes entre élites protégées et travailleurs exposés (ou entre « jobs à la con » et « boulots de merde », pour parler comme David Graeber) devient particulièrement manifeste. David Holmgren offre ainsi, sur cette crise, une « perspective permaculturelle » qui montre comment les pratiques d'autonomie relative constituent un modèle de « changement adaptatif » face aux crises de ce genre, et comment ces temps de pandémie pourraient inciter davantage d'individus et de collectifs à s'organiser pour réduire leur vulnérabilité « sans accaparer pour cela les privilèges et la richesse de la société au détriment des autres », mais en esquissant au contraire, en l'expérimentant ici et maintenant, « une société de partage équitable capable de fonctionner à l'intérieur des limites écologiques ».

Plus conséquent par sa taille, qui lui confère l'étoffe d'un véritable essai, le troisième texte, publié en janvier 2021, opère une passionnante lecture critique des dévoiements auxquels peuvent donner lieu certains principes ou maximes de la permaculture et du bon sens lorsqu'ils sont récupérés par le solutionnisme et transposés à des échelles, des vitesses et des contextes où ils perdent toute pertinence. En mobilisant de nombreux exemples relevant de l'arboriculture et de la gestion des sols, de l'aquaculture, de l'écoconstruction et des dispositifs de production d'énergies renouvelables, mais aussi des infrastructures de jardins et de certaines pratiques ou « recettes » permacoles, Holmgren montre à chaque fois que l'adaptation spécifique au contexte de dispositifs modestes par l'échelle et lents dans leur opération (pour permettre l'auto-amélioration) est fondamentalement préférable à l'application massive de formules, toujours condamnée à aggraver les problèmes qu'elle prétend résoudre. Contre l'intelligence « *smart* » des solutions à grande échelle brandies par le capitalisme du désastre, Holmgren plaide donc pour la nécessaire culture de la sagesse (« *wisdom* »), de l'humilité et de la diversité qu'appelle la descente énergétique.

Enfin, « Rumination pandémique : les nouveaux habits du Brown Tech », qui a connu deux versions successives, toutes deux mises en ligne en septembre-octobre 2021, est clairement le texte qui a suscité le plus de débats et de controverses. Le sous-titre de la première version, correspondant en gros à la seconde moitié de la dernière ici traduite, posait la question suivante : « Le mouvement de la permaculture survivra-t-il à la première épreuve sérieuse de la descente énergétique ? » Holmgren part en effet du constat que les réactions vis-à-vis de la pandémie et des plans sanitaires imposés pour la combattre, qui ont considérablement polarisé les divergences au sein des familles et de la société en général, ont également miné l'entente cordiale dans la sphère de la permaculture, entre une majorité plutôt solidaire de ces mesures de contrôle global (et d'imposition des vaccins) et une minorité réfractaire, plus ou moins déterminée à rester en marge. En s'efforçant de reconnaître aussi justement que possible les raisons et le bien-fondé relatifs des deux positions, mais en se rangeant explicitement du côté des réfractaires, Holmgren plaide surtout pour la restauration d'une tolérance réfléchie entre les uns et les autres, soucieuse de sauvegarder le principe fondamental de la diversité. Le mérite de la version développée de cet essai, sous-titrée « Les nouveaux habits du Brown Tech », est de clarifier son argument en le resituant dans le cadre de la réflexion prospective développée dans *Future Scenarios*, et de profiler ainsi la pandémie comme une épreuve particulièrement significative et révélatrice des dilemmes de la montée en régime du scénario Brown Tech.

Alors que la permaculture est souvent considérée, de loin, comme une aimable collection de pratiques et de recettes, certes vertueuses, mais un peu marginales et sans rapport avec l'ampleur des problèmes réels, l'un des grands intérêts de ces textes récents est de démontrer que ses principes procèdent au contraire d'une analyse extrêmement attentive, lucide et rigoureuse des vecteurs, des enjeux et des dynamiques de l'évolution actuelle du monde[13]. Mûrie par une

13. Sur cette question, on pourra consulter les deux derniers chapitres de notre livre : Sébastien Marot, *Taking the Country's Side: Agriculture and Architecture*, Barcelone : Poligrafa, 2019, catalogue d'une exposition du même nom présentée à la Triennale d'architecture de Lisbonne en 2019, puis montrée à Lausanne (EPFL), Lyon (Orangerie du parc de la Tête-d'Or), Bruxelles (Halles Saint-Géry) et Marseille (Friche de la Belle de Mai).

trajectoire d'action et de réflexion de presque cinq décennies, remarquable par son intelligence, sa cohérence et sa persévérance, la boussole que nous offre David Holmgren est sans doute l'un des outils les plus précieux dont nous puissions disposer aujourd'hui pour nous orienter et nous guider dans la confusion du monde et des crises à répétition que l'interaction de la descente énergétique et de la dégradation des conditions de la vie sur Terre ne manquera pas de multiplier à court et moyen terme.

Sébastien Marot
Novembre 2022

1. Scénarios de descente

La planification par scénarios

L'approche systémique du futur de la descente énergétique peut être développée en recourant à un modèle de prévision par scénarios[14]. Ce modèle croise deux variables fondamentales qui, largement indépendantes l'une de l'autre, génèrent quatre scénarios, chacun occupant l'un des quadrants d'un diagramme conceptuel. Ces scénarios sont des récits plausibles et intrinsèquement cohérents sur le futur, qui peuvent aider les organisations et les individus à développer une grande faculté d'adaptation dans un contexte foncièrement imprévisible.

Dans la planification par scénarios qu'adoptent classiquement les entreprises, les deux variables pourraient être le taux de croissance de l'économie en général et le cadre réglementaire qui contraint ou encourage les affaires. C'est le recours que fit la Shell Oil Company à la planification par scénarios qui rendit la méthode fameuse. Avant les crises du pétrole, l'entreprise l'avait utilisée pour repérer tout un éventail de scénarios susceptibles de menacer la compagnie, y compris l'éventualité d'un embargo sur le pétrole. Grâce à l'analyse des indicateurs et des conséquences, l'entreprise fut capable de réagir rapidement et proactivement à la crise, et plus efficacement que les autres compagnies pétrolières. Le changement climatique et le déclin de la production pétrolière sont les variables que j'utilise comme facteurs de base pour créer les quatre scénarios de descente énergétique, parce que j'estime qu'ils sont effectivement les forces qui façonneront le plus puissamment la destinée des humains au cours du 21e siècle et au-delà. Ils sont par conséquent d'une importance centrale lorsque l'on examine la transition énergétique des nations et des cultures, aussi bien dans les environnements urbains que ruraux.

---

14. Ce chapitre est extrait du livre *Future Scenarios* (voir le détail des crédits en fin d'ouvrage)

L'interaction du pic pétrolier et du changement climatique

Bien que ces deux variables trouvent leurs origines dans le comportement collectif des humains et puissent être éventuellement ralenties par l'évolution de ce même comportement, leur émergence est due à des limites géologiques et physiques qui sont au-delà de tout contrôle humain. Concernant le changement climatique, le débat entre atténuation et adaptation est souvent décrit comme un lourd choix moral qu'il faudrait faire entre brûler du charbon et s'accommoder d'un monde altéré, ou bien passer aux énergies renouvelables pour sauver la nature. Ce qui apparaît de plus en plus clairement aujourd'hui, c'est que ce choix est l'un de ceux que l'humanité a collectivement décidé d'escamoter au cours des années 1980.

De la même façon, on estime que les actions nécessaires pour mettre en œuvre une transition ordonnée du pétrole vers d'autres sources d'énergie réclament au moins deux décennies[15]. Là encore, la preuve du pic de la production de pétrole aux États-Unis fut apportée en 1970, mais avec le retour du pétrole bon marché dans les années 1980, le problème de l'énergie parut s'évaporer grâce à de « meilleures » politiques économiques. À présent, le changement climatique s'accélère, et le pic pétrolier est au rendez-vous.

Alors que nous devons nous adapter à ces deux réalités en même temps, nous sommes également aux prises avec leurs interactions, aussi bien positives que négatives. La transition accélérée vers une dépendance croissante au gaz naturel est souvent présentée comme une réduction positive de l'inten-

---

15. Le très sérieux rapport Hirsch au gouvernement américain donne cette estimation en supposant un effort social collectif comparable à celui qui fut mobilisé pendant la Seconde Guerre mondiale. Robert L. Hirsch, Roger Bezdek et Robert Wendling, « Peaking of World Oil Production: Impacts, Mitigation, and Risk Management », United States Department of Energy, 2005.

sité en carbone, mais elle ne fait qu'accélérer l'épuisement du stock restant d'énergie de transport à haute densité que nous pourrons léguer à nos enfants. De la même façon, les projets d'exploitation des sables bitumineux et d'autres types de pétroles non conventionnels augmentent massivement les émissions de gaz à effet de serre. Enfin, cela ne surprendra sans doute pas grand-monde d'apprendre que la puissante incitation à produire des biocarburants à partir du maïs ou de plantes à huile, aussi bien en Europe qu'aux États-Unis, augmente la dégradation des sols et la consommation des ressources, et contribue à la hausse du prix des céréales et des graines oléagineuses. De nombreuses institutions tirent la sonnette d'alarme sur la menace de famine mondiale qui pourrait résulter de la combinaison du changement climatique et des facteurs de crise énergétique (dont les biocarburants)[16].

Le faible taux de retour énergétique (TRE) des biocarburants, en particulier de l'éthanol produit à partir du maïs, suggère que les biocarburants pourraient être une façon d'épuiser le gaz naturel tout en dégradant les terres agricoles et en affamant les pauvres de la planète.

D'autre part, des réductions drastiques de la consommation dues à des changements de mode de vie, à la réutilisation créative des déchets engendrés par l'industrie et la société de consommation, et à la transition vers un travail réellement productif au sein d'économies familiales ou communautaires revitalisées montrent comment nous pouvons développer une résilience locale et une faculté d'adaptation aux changements destructifs tout en apportant des contributions majeures à la baisse des émissions de gaz à effet de serre et des taux de consommation des énergies fossiles. Même si c'est d'abord dans les pays les plus riches que cette stratégie

16. Voir par exemple les travaux de Lester Brown sur www.earth-policy.org

est la plus productive et la plus efficace, sa pertinence ne cesse de croître pour la planète entière[17].

La réticence, dans le débat public sur les solutions au changement climatique, à envisager sérieusement des réductions réelles de la consommation pourrait bien être balayée par l'évolution des crises de l'énergie et de l'alimentation. Mettre en place quelques-unes des adaptations plus exigeantes à l'irrésistible descente énergétique, qui soient conçues à long terme sur le plan écologique et modestes sur le plan technologique, prendra des décennies avant d'avoir des répercussions généralisées (tout comme, d'ailleurs, les approches centralisées, high tech et hautement énergétiques). Mais un changement radical et rapide du comportement humain est possible et même vraisemblable (en cas de conditions psychosociales favorables). Avec ou sans stratégie créative et planifiée en ce sens, la crise énergétique et économique qui s'annonce imposera de toute façon ces réductions.

Plutôt que d'envisager des scénarios à long terme sur l'échelle de plusieurs centaines d'années, les différents scénarios que j'ai construits se concentrent sur la façon dont la descente énergétique pourrait évoluer au cours des prochaines décennies. En plus de combiner les effets d'un déclin lent ou rapide de la production de pétrole avec ceux d'un changement climatique lent ou rapide, ils couvrent un spectre très large de possibilités humaines qui peuvent être identifiées à certains signes ou symptômes présents dans différents endroits du monde aujourd'hui. Ce sont tous des scénarios de descente énergétique, au sens où ils dépeignent des futurs possibles qui sont déterminés par un déclin progressif de l'énergie nette disponible. Déclin qui doit être apprécié par rapport à un arrière-plan historique où l'énergie disponible

---

17. Pour plus de détails sur cette mutation et les moyens de la stimuler, voir Rob Hopkins, *Manuel de transition: de la dépendance au pétrole à la résilience locale*, Montréal : Écosociété, 2010.

par personne a globalement stagné sur un plateau bosselé pendant trente ans, après les trente années précédentes au cours desquelles, à la fin de la Seconde Guerre mondiale, la consommation d'énergie par personne avait au contraire connu une croissance rapide. Le graphique ci-contre, issu d'une étude de Paul Chefurka[18], suggère que la consommation d'énergie mondiale par personne pourrait continuer à croître jusqu'à environ 1,7 tonne d'équivalent pétrole (tep) en 2020, avant de chuter à 0,9 tep en 2050[19].

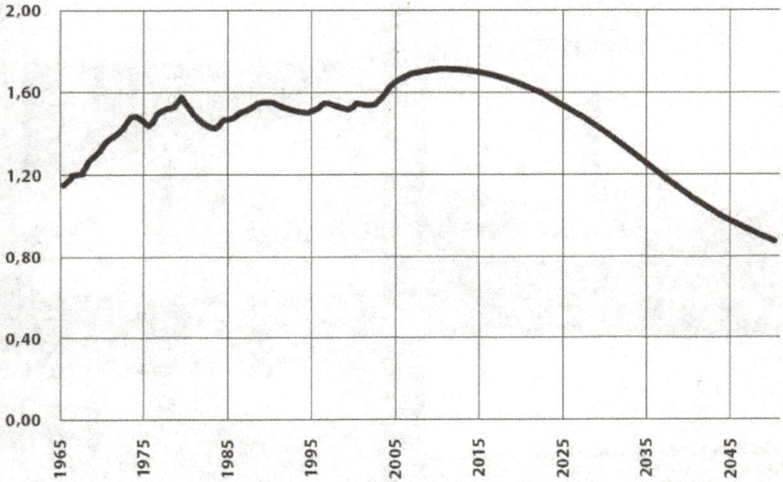

La consommation mondiale moyenne d'énergie par personne en tonne d'équivalent pétrole (tep) de 1965 à 2045.

18. Paul Chefurka, « World Energy to 2050 », *The Oil Drum*, Canada, novembre 2007.

19. Sa découverte essentielle est que les inégalités énergétiques entre pays vont se creuser.

Cependant, d'après mes propres calculs, qui utilisent les taux d'énergie nette de Howard T. Odum pour convertir ces joules d'énergie indifférenciés en mesures plus appropriées d'énergie nette par personne, il semblerait que le monde ait déjà passé ce pic d'énergie nette par personne et qu'il sera bientôt confronté au déclin global de l'énergie nette en valeur absolue.

Les quatre scénarios de changement climatique et de descente énergétique.

Les quatre scénarios de descente énergétique et de changement climatique

Dans cette section, quatre scénarios de descente énergétique sont considérés, chacun d'entre eux émergeant de la combinaison d'un déclin du pétrole lent ou rapide et d'un changement climatique doux ou sévère au cours des deux ou trois décennies qui viennent. Je les ai intitulés :

- *Brown Tech*
  (déclin du pétrole lent, changement climatique rapide) ;
- *Green Tech*
  (déclin du pétrole lent, changement climatique lent) ;
- *Earth Steward*, ou « intendance de la Terre »
  (déclin du pétrole rapide, changement climatique lent) ;
- *Lifeboat*, ou « canots de sauvetage »
  (déclin du pétrole rapide, changement climatique rapide).

Même si la caractérisation des quatre scénarios est difficile et forcément conjecturale, ces derniers fournissent un cadre pour apprécier la façon dont les interactions possibles entre pic pétrolier et changement climatique pourraient redéfinir les ressources énergétiques locales et mondiales, les formes de peuplement, l'économie et la gouvernance. Ils montrent aussi quelles stratégies efficaces pourraient être adoptées par les activistes avertis afin d'assurer leur futur et celui de leur famille, tout en contribuant de façon positive à celui de la société. Ces stratégies peuvent inclure des politiques potentiellement efficaces susceptibles d'être appliquées par les formes de gouvernement qui pourraient être fonctionnelles dans chacun de ces scénarios[20].

---

20. Il est sans doute irréaliste d'escompter des gouvernements et des institutions la moindre reconnaissance publique de la sévérité des défis posés par ces scénarios, du moins avant qu'une crise majeure ne fasse voler en éclats le paradigme d'une croissance économique continue.

Enfin, ces scénarios mettent en lumière la pertinence des principes de la permaculture dans un monde de descente énergétique et concentrent notre attention sur les forces et les faiblesses des différentes stratégies pour s'adapter aux différents scénarios.

Brown Tech : la limitation imposée depuis le haut

(Déclin énergétique faible, symptômes de changement climatique sévères)

Le monde Brown Tech est un monde où la production de pétrole décline, après un pic entre 2005 et 2010, à raison de 2 % par an environ et où le déclin ultérieur du gaz naturel est également assez lent, mais où la sévérité des symptômes du changement climatique est au maximum des prédictions scientifiques actuelles. Dans ce scénario, des politiques et initiatives nationales fortes, voire agressives, prévalent, tant pour gérer les menaces que pour saisir les opportunités liées au pic énergétique et au changement climatique. Le système politique pourrait être caractérisé comme corporatiste ou fasciste (le fascisme étant décrit par Mussolini comme une fusion entre pouvoir d'État et puissance des corporations).

La tendance des entreprises et des gouvernements aux investissements massifs et centralisés, qu'on observe dans les systèmes existants, donne la priorité à l'extraction de plus d'énergie à partir de ressources non renouvelables de moindre qualité (comme les sables bitumineux, le charbon et l'uranium) et de biocarburants à partir de l'agriculture et de la foresterie industrielles. Des technologies « de pointe » entretiennent la promesse constante d'un futur meilleur, mais l'essentiel de l'investissement dans la récolte d'énergie accélère le réchauffement climatique, en tout cas à court terme.

Digues de protection sur le front de mer à La Havane (Cuba), détruites par les ouragans et le cancer du béton, 2007. Dans le scénario Brown Tech, le vieillissement de l'infrastructure urbaine côtière, couplé à la faillite des budgets publics, a des conséquences dramatiques liées à l'augmentation des catastrophes naturelles provoquées par la fréquence et l'intensité croissantes des tempêtes et par une élévation du niveau de la mer de plus d'un mètre par décennie. Dans certaines régions, des sommes considérables sont investies dans la construction de nouvelles infrastructures destinées à protéger des territoires urbains qui n'ont pas de perspectives à long terme.

Bannière dans une manifestation contre la mondialisation à Melbourne en 2000 proclamant « Permaculture : solutions locales à des problèmes mondiaux ». Dans le scénario Brown Tech, la permaculture et les autres mouvements populaires en faveur du recours à des ressources renouvelables restent relativement marginaux par rapport à la gouvernance économique et politique dominante.

Cultures végétales à grande échelle à Ventura (Californie), 2005. Dans le scénario Brown Tech, l'aridité croissante et la non-fiabilité de l'approvisionnement en eau réduisent la production des céréales et autres denrées de première nécessité, ce qui pousse les gouvernements à donner la priorité aux combustibles, aux engrais artificiels et à la technologie afin que l'industrie agricole assure la sécurité alimentaire des grandes populations urbaines. La demande de fruits et légumes provenant de systèmes de marché centralisés décline à cause de la pauvreté croissante et de l'autonomie plus grande qu'assurent les jardins familiaux et communautaires. Des terres où l'on pratiquait auparavant des cultures maraîchères de grande valeur pour des marchés nationaux et mondiaux sont converties à la production de céréales et d'autres denrées de base.

Colline de bidonvilles à Caracas (Venezuela), 2007. Dans le scénario Brown Tech, les bidonvilles continuent de s'étendre autour des grandes villes et d'absorber les migrants ruraux qui fuient la dégradation des conditions d'existence dans les campagnes, causée par le changement climatique et par le rachat croissant des terres par les firmes aux fins de produire nourriture et biocarburants.

Complexe pétrochimique à Altona (Victoria), 2003. Dans le scénario Brown Tech, avec la hausse des prix de l'énergie et les subventions gouvernementales pour soutenir l'approvisionnement en combustibles, en plastiques et en produits chimiques destinés aux industries de base et aux nouvelles infrastructures, l'industrie pétrochimique s'élargit à des matières premières de faible qualité telles que les pétroles lourds et le charbon.

En même temps, les coûts liés à l'entretien ou au remplacement de l'infrastructure urbaine menacée par les tempêtes et l'élévation future du niveau des mers consomment davantage de ressources, tandis que les sécheresses et les variations saisonnières chaotiques réduisent la production des agricultures à grande et petite échelles.

Les flux d'énergie extraits des ressources plus coûteuses à exploiter que sont les sables bitumineux, les pétroles offshore en eaux profondes, les gaz et charbons liquéfiés ralentissent le déclin énergétique causé par la raréfaction du pétrole brut. Cette transition réclame une mobilisation massive de la capacité technique et managériale, essentiellement détenue par des multinationales, mais aussi des moyens de sécurité financière, légale et militaire que seuls des gouvernements souverains peuvent fournir. Ce recours à la nationalisation des ressources par les gouvernements met fin au libre marché et à la confiance dans les marchés internationaux qui sous-tend l'économie mondialisée[21].

En 2007, nous avions déjà vu la bascule d'un marché à la baisse à un marché à la hausse dans le domaine de l'énergie se répercuter sur tous les autres marchés de biens et transformer les relations géopolitiques[22]. Les profits de l'exploitation des ressources non renouvelables aussi bien que de l'agricul-

---

21. L'échec des négociations sur le commerce international de Cancún, au Mexique, en 2003, à déboucher sur des accords peut aujourd'hui être considéré comme la dernière tentative désespérée pour les firmes de conserver les fruits de la mondialisation avant l'émergence du nationalisme des ressources.

22. Par exemple, la Russie a profité des ressources limitées de l'approvisionnement en gaz et en pétrole pour imposer des prix mondiaux aux pays de l'est de l'Europe et donner ainsi un avertissement aux pays de l'Europe occidentale sur leur dépendance et leur vulnérabilité. Quelques coupes de gaz, même de courte durée, ont suffi à envoyer un message très clair. Des actions du même type de l'Argentine, qui a coupé les flux vers le Chili pour gérer des pénuries domestiques, pourraient bien forcer le Chili à négocier des approvisionnements avec son vieil ennemi, la Bolivie.

ture industrielle à grande échelle reposent sur les prix élevés des marchandises, inversant beaucoup des caractéristiques et tendances économiques observées au cours des décennies récentes. La richesse des exploitations agricoles et des mines aussi bien que des entreprises et des nations qui contrôlent ces ressources augmente alors même que l'épuisement réduit les flux de ressources et que le changement climatique amène le chaos dans les cultures et dans la gestion des terres.

La demande de biocarburants dans les pays riches réduit les stocks de nourriture dans le monde et augmente les prix à un niveau qui provoque la famine et le chaos dans beaucoup de pays pauvres, incapables de financer des subventions aux denrées de première nécessité[23]. Dans d'autres pays, des émeutes alimentaires déclenchées par les pauvres contraignent les gouvernements à payer des flambées de subventions. Les richesses épargnées pour l'éducation, la santé et autres services s'effondrent. Les guerres menées pour l'accès à l'énergie et à la nourriture s'intensifient et redirigent l'attention publique vers les menaces extérieures. Dans les pays les plus riches, la croissance économique liée à la consommation fléchit ou est activement stoppée par des politiques gouvernementales qui visent à concentrer les ressources limitées sur la sécurité alimentaire, énergétique et climatique. Une forme de dépression économique mondiale se développe sous les effets conjugués des prix élevés de l'énergie et de la nourriture, de la rivalité des superpuissances, du nationalisme des ressources et de la fragilité du système financier.

---

23. Une modélisation de Stuart Staniford (« Fermenting the Food Supply », sur le site canadien The Oil Drum, www.theoildrum.com) suggère par ailleurs qu'une forte augmentation des prix du pétrole pourrait accélérer la demande de biocarburants au point de consommer une part considérable de la production mondiale de céréales et de conduire en à peine sept ans à une famine internationale d'échelle massive. Sans régulation gouvernementale, les marchés libres internationaux verront les automobilistes des pays riches réquisitionner la nourriture des pauvres.

L'émergence rapide des effets du changement climatique tend aussi, et pour plusieurs raisons, à favoriser les systèmes nationalistes centralisés. Tout d'abord, les conséquences des perturbations climatiques, des problèmes d'approvisionnement alimentaire, des changements radicaux d'affectation des terres et de l'abandon des terres marginales conduisent à des demandes d'action gouvernementale forte pour protéger les populations contre les prix élevés de la nourriture et de l'énergie, les catastrophes naturelles, les conséquences des initiatives puissantes d'autres nations et la migration massive des peuples déplacés. Les taux d'urbanisation augmentent à mesure que s'accélèrent les conséquences du changement climatique et la déprise des services publics dans les zones rurales les plus reculées.

Le déclin de la classe moyenne, déjà évident dans beaucoup de pays occidentaux, s'accélère, provoquant le mécontentement et des mesures de répression de la part des gouvernements, y compris des camps d'internement pour les migrants ou les sans-abri[24]. Des mesures musclées de contrôle démographique, qui vont jusqu'à la stérilisation forcée, sont introduites dans certains pays.

Une série de conflits internationaux courts mais intenses confirme des changements majeurs dans les équilibres géopolitiques et accélère l'épuisement des ressources. Le contrôle des énergies fossiles et des ressources minérales non renouvelables reste critique, tandis que l'importance (relative) de la richesse renouvelable répartie de l'agriculture et de la foresterie continue de décliner à mesure que le climat se détériore, en particulier dans notre pays, l'Australie, où la plus grande sévérité des périodes de sécheresse frappe durement.

---

24. Les très grands camps de détention construits par la firme Halliburton pour le gouvernement des États-Unis dans plusieurs États soulèvent des questions et des inquiétudes sur l'usage qui pourrait en être fait.

Compte tenu de la menace pesant sur l'approvisionnement alimentaire, les énergies fossiles et les autres ressources sont détournées de la mobilité et de la consommation individuelles pour être redirigées vers des usines d'agriculture intensive installées dans des serres et autres environnements contrôlés, la plupart concentrées autour de centres urbains et gérées par des entreprises agro-industrielles.

Des installations de désalinisation et d'autres infrastructures très gourmandes en énergie pour entretenir des systèmes d'approvisionnement en eau sont construites à grand coût et augmentent encore la demande d'énergie. La menace de hausse du niveau des mers conduit à des projets de reconstruction urbaine à grande échelle pilotés par des politiques gouvernementales fortes. Des initiatives très audacieuses de développement urbain de densité moyenne et d'infrastructures de transports publics sont financées. Une caractéristique clé de ce scénario est la sensation de fossé qui se creuse entre le nombre en constante réduction des « riches » qui ont un emploi dans le système, et la masse, relativement sans loi, vague mais peut-être communautaire, des pauvres, avec leurs subcultures hautement flexibles et nomades, qui vivent des déchets du système et des ressources sauvages de la nature. La sécurité des riches est une préoccupation constante, avec des *gated communities* et des ghettos de style apartheid ou des *barrios* [bidonvilles] pour les « pauvres ». Alors que la dépression économique et la diminution de la consommation ralentissent les émissions de gaz à effet de serre, l'expansion rapide des investissements gouvernementaux stratégiques en matière d'énergies nouvelles et d'infrastructures urbaines fait plus que compenser la réduction de la consommation privée, ce qui entraîne une boucle de rétroaction positive qui accélère le réchauffement global.

Tandis que les élites continuent d'être guidées par l'adhésion à des croyances surrationalistes[25] et qu'un sentiment de vacuité et d'absence de raison d'être caractérise la classe moyenne en voie de contraction, les religions et les cultes fondamentalistes jouent un rôle plus fort dans la vie des classes ouvrières et sans emploi, en partie par authentique réaction contre les échecs de l'humanisme moderne et en partie par manipulation de la part des élites, qui y voient un bon moyen de dévier la colère et le désenchantement. Le scénario Brown Tech pourrait dominer et même rester socialement plus ou moins stable pendant plusieurs décennies jusqu'à ce que la déstabilisation climatique en cours et la chute du taux de retour énergétique net forcent un basculement vers le scénario des canots de sauvetage. La « contrainte ou contraction dirigiste » résume l'essence de ce scénario où le pouvoir national contracte la consommation et concentre les ressources de façon à maintenir l'État-nation face à la détérioration du climat et à la réduction de l'approvisionnement alimentaire et énergétique.

25. Le surrationalisme, dans ce contexte, reconnaît la base énergétique/écologique des systèmes humains, mais sans rien reconnaître des valeurs ou de la conscience supérieures, c'est-à-dire des cadres spirituels ou éthiques qui contraignent l'exercice du pouvoir.

Green Tech : la baisse de tension répartie

(Déclin énergétique faible, symptômes de changement climatique doux)

Le scénario Green Tech est le plus bénin, en ceci que les aspects négatifs du changement climatique sont dans la fourchette basse des prévisions actuelles et que la production de pétrole et de gaz décline lentement (comme dans le scénario Brown Tech), de sorte que le sentiment de chaos et de crise est plus modéré, sans effondrement économique ni conflits majeurs. Cette situation permet aux ressources d'aller vers une plus grande diversité de réponses aux niveaux mondial, national, urbain, communautaire et individuel.

Dans certains pays pauvres et déjà densément peuplés, les conditions de vie se dégradent. Mais les prix élevés des biens de consommation permettent à quelques-uns des pays producteurs pauvres d'échapper à leur cycle d'endettement, et des programmes d'autonomisation des femmes ont pour effet de réduire rapidement la natalité. Le déclin progressif de la capacité des pays à exercer un pouvoir au niveau mondial, consécutif aux coûts croissants de l'énergie, augmente la sécurité nationale et favorise l'investissement des ressources dans l'innovation technique et les mesures de conservation plutôt que dans les budgets de défense et les infrastructures d'extraction. La consolidation des systèmes de communication à l'échelle mondiale permet de conserver, sinon une économie mondialisée, du moins une conscience et des manières de penser mondiales.

Comme dans le scénario Brown Tech, l'électrification est un élément clé de la transition énergétique, mais les sources d'énergie renouvelable du vent, de la biomasse, du solaire, des marées et des vagues croissent rapidement et permettent de développer une panoplie énergétique plus diverse et mieux répartie. Le climat relativement calme permet une reprise des économies rurales et régionales grâce au maintien et à la croissance des prix de toutes les denrées naturelles, y compris les matières premières exploitées pour la production de biocarburants.

Les principes de l'agriculture biologique ainsi que de la gestion et de la répartition écologiques des ressources deviennent la norme dans de nombreux systèmes agricoles et aident ainsi à stabiliser l'agriculture face au défi représenté par le coût croissant des intrants énergétiques et les effets (pourtant modérés) du changement climatique.

Le conflit croissant entre biocarburants et nourriture est stabilisé, sinon résolu, grâce aux subventions gouvernementales qui soutiennent la production de nourriture par l'agriculture, de sorte que les biocarburants viennent essentiellement des déchets de la sylviculture. Dans la plupart des régions où les terres agricoles sont riches et les populations peu nombreuses, les principaux bénéficiaires sont les riches agriculteurs et les firmes d'agro-industrie qui peuvent conjuguer une technologie avancée avec la main-d'œuvre bon marché des travailleurs migrants. Dans d'autres régions, dont les terres sont plus pauvres et accidentées et où la propriété foncière est plus diversifiée, des systèmes de polyculture, à plus petite échelle, conçus à partir des principes de la permaculture, répartissent la richesse plus également entre les communautés locales.

Une contraction continuelle affecte des pans entiers de l'économie, mais les secteurs de l'énergie, des ressources et de l'agriculture, de même que les industries du recyclage et de la rénovation connaissent une croissance rapide en raison des prix élevés qui se maintiennent dans ce domaine, malgré la récession qui touche les principales économies de consommation. Dans certains pays riches, la réforme des systèmes monétaires réduit l'échelle des faillites financières et redirige le capital vers l'innovation et les investissements productifs et socialement utiles.

Les technologies de l'information continuent d'amener des économies dans la gestion de l'énergie et des ressources, depuis la tarification en temps réel et les réseaux électriques autocicatrisants jusqu'aux systèmes de covoiturage et de télécommunication basés sur l'internet. Le secteur de la préservation dégage les plus grands profits grâce à de grandes politiques publiques qui visent à transformer le comportement des individus et des organisations. Dans d'autres pays, et en particulier aux États-Unis, les opportunités apparentes de poursuite de la croissance économique, combinées à des politiques publiques de soutien aux économies bas carbone, conduisent à une bulle d'investissement dans les énergies renouvelables, suivie par une sévère récession.

Éoliennes et champs de blé en Poméranie (Allemagne), 2005.
Dans le scénario Green Tech, la croissance rapide des techniques de production d'énergie renouvelable se poursuit, mais la croissance également rapide de la production de biocarburants à partir de l'agriculture est entravée lorsque les politiques gouvernementales se mettent à privilégier la sécurité alimentaire à la sécurité énergétique. L'agriculture industrielle à grande échelle continue à fournir l'essentiel des denrées non périssables mais les coûts des engrais artificiels et des pesticides chimiques accélèrent la transition vers les méthodes biologiques de production de carbone.

Agriculture biologique coopérative à Kyushu (Japon), 2004. Dans le scénario Green Tech, le coût croissant des engrais, des pesticides et du transport provoque une transition vers une agriculture urbaine et de proximité produisant fruits, légumes, œufs aussi bien que produits laitiers et carnés.

Équipement en panneaux solaires d'une vieille grange dans la communauté de Klein Jasedow en Poméranie (Allemagne), 2005. Dans le scénario Green Tech, l'essor de l'énergie photovoltaïque s'accélère à mesure que des technologies nouvelles et plus efficaces deviennent disponibles, mais la croissance est contrainte par les goulots d'étranglement de la production et par l'excès de la demande, de sorte que la part du solaire dans la production énergétique totale reste mineure.

Four solaire dans l'écovillage de Gaia à Navarro (Argentine), 2005. On aperçoit à l'arrière-plan un chauffe-eau solaire et la toiture en chaume du bâtiment communautaire. Dans le scénario Green Tech, des technologies adaptées, simples et de petite échelle commencent à croître et à se répandre, avec ou sans soutien gouvernemental, et font partie d'un mouvement économico-politique plus général en faveur de la relocalisation.

Parking de vélos à la station de chemin de fer de Nagoya (Japon), 2004. Dans le scénario Green Tech, le nombre et l'usage des vélos croissent rapidement dans les pays riches, ce qui conduit à une amélioration de la santé et du bien-être ainsi qu'à une diminution drastique de la consommation de combustibles.

L'État et les municipalités chargées des services publics parviennent à orienter une restructuration vers des villes et villages plus compacts grâce à davantage d'infrastructures de transport en commun[26]. La croissance des grandes villes (en particulier sur les terres basses littorales) est inversée par des politiques publiques en prévision des pires conséquences du changement climatique et des coûts croissants de l'énergie, tandis que les villes régionales de taille petite ou moyenne, ainsi que les villages, croissent modestement sur un modèle d'urbanisme compact qui préserve les bonnes terres agricoles et développe des quartiers mixtes avec davantage d'emplois locaux, permettant une baisse radicale des transports quotidiens entre domicile et travail.

La conjugaison des aspects les plus optimistes de la descente énergétique peut paraître un peu artificielle, mais on peut raisonnablement penser que le scénario Green Tech tendra vers une structure plus égalitaire à mesure que le pouvoir passera progressivement du contrôle des mines et des puits de pétrole à celui de la productivité de la nature par le biais des usages plus traditionnels de la terre tels que l'agriculture et la foresterie, mais aussi par celui de nouvelles technologies renouvelables. Le caractère beaucoup plus réparti de ces ressources conduira à un pouvoir économique et politique lui-même mieux réparti au niveau des villes, avec des arrière-pays et des organisations polarisés à cette échelle. Par exemple, les bons exploitants agricoles à grande échelle, qui auront réduit leur dépendance vis-à-vis des intrants énergétiques grâce à des stratégies permaculturelles et aux méthodes d'agriculture biologique, pourront dégager de nouveaux profits dans des marchés plus locaux avec des prix soutenus par des politiques encourageant l'au-

---

26. En Australie, où chaque État est dominé par une seule grande ville, on peut voir le pouvoir d'État comme un gouvernement biorégional contrôlant une ville et son arrière-pays économique.

tonomie régionale. Il est vraisemblable que tous les profits au-delà de l'agriculture seront investis dans des systèmes énergétiques locaux qui généreront plus d'emplois et réduiront encore la dépendance économique vis-à-vis des gouvernements centralisés et des grosses entreprises. Il est certes possible que ces mêmes processus conduisent à des systèmes assez inégalitaires, voire féodaux. Cependant, l'accent universellement mis sur une production plus soutenable et une consommation plus modérée, lorsque celles-ci ne sont pas imposées par un pouvoir central arbitraire et distant, a naturellement tendance à encourager des réponses plus égalitaires que dans le scénario Brown Tech.

Les réductions substantielles d'émissions de gaz à effet de serre qui résultent de ce scénario minimisent les conséquences du changement climatique, ce qui permet de stabiliser et de renforcer les caractéristiques de base de ce scénario pendant plusieurs décennies au moins.

Le succès de l'effort pour réduire radicalement la consommation des ressources tout en soutenant une modeste croissance dans certaines économies locales, combiné avec la stabilisation du climat, encourage une nouvelle élite du « développement durable » à envisager d'autres changements pour renforcer ces réussites face au déclin en cours de l'énergie nette. Les pires excès de la consommation capitaliste sont contrôlés grâce aux restrictions et aux réformes imposées à la publicité et à d'autres forces dysfonctionnelles.

Le civisme se renforce là où une transition plus poussée vers une société non matérialiste se combine avec l'épanouissement du féminisme et du mouvement écologiste et la résurgence de valeurs culturelles traditionnelles ou indigènes. Ces tendances stabilisent la défiance croissante vis-à-vis de l'humanisme séculier et permettent l'émergence de « cultures du lieu » plus spirituelles. Peu à peu, une évolution vers le scénario d'intendance de la Terre apparaît comme la réponse évidente et naturelle au déclin inexorable des ressources non renouvelables. La « baisse de tension répartie » résume ce scénario en soulignant à la fois le caractère distribué des ressources et du pouvoir et la contraction planifiée qu'il implique.

À leurs extrêmes, les scénarios Green Tech et Brown Tech présentent aussi beaucoup des ingrédients qu'on s'attendrait à trouver dans le scénario à long terme de technostabilité, où de nouvelles sources d'énergie parviennent à remplacer les énergies fossiles sans les tensions qui débouchent sur une contraction systémique. Les niveaux actuels de tension écologique, économique et sociopolitique sont les indices indirects du fait que nous sommes en train d'entrer dans les scénarios de descente énergétique plutôt que dans une simple transition de la croissance vers la stabilité énergétique. La relative isolation de ces tensions et la persistance de la foi des classes moyennes supérieures (sinon des élites mondiales) dans le « château de cartes » de la comptabilité monétaire continuent cependant d'entretenir la confusion[27]. L'incompréhension des concepts d'énergie nette par la majorité, les désaccords entre experts sur les bonnes méthodes pour calculer cette énergie nette et les pressions politiques engendrées par le développement de la crise contribuent ensemble à faire prendre la descente énergétique pour une simple phase du *business as usual.*

27. Par exemple, la hausse des interventions médicales, des procédures légales, et même des crimes et des accidents, contribue à la croissance du PNB.

Intendance de la Terre : la reconstruction par le bas

(Déclin énergétique rapide, symptômes de changement climatique modérés)

Dans ce scénario, le déclin de la production pétrolière, après un pic de la production totale des liquides fossiles avant 2010, est dans l'extrême fourchette haute des prévisions avancées par les experts du pic (entre 10 et 15 % par an), et suivi par un déclin encore plus rapide de la production de gaz, accompagné d'un pic de la production de charbon[28]. Le choc, très brutal pour les systèmes financiers mondiaux déjà fragiles, entraîne une dépression économique sévère, et peut-être même de nouvelles guerres éclair pour le contrôle des ressources.

Cet effondrement économique et ces tensions politiques, beaucoup plus que la carence des ressources elle-même, interdisent l'exploitation à grande échelle des ressources non renouvelables, plus chères à extraire, qui caractérise le scénario Brown Tech, mais aussi le développement des ressources renouvelables et des infrastructures du scénario Green Tech. Les réseaux de communication internationaux et nationaux se décomposent.

Les réseaux électriques se dégradent à mesure que le coût et la disponibilité des combustibles et des pièces de rechange réduisent la production, et que l'insolvabilité des entreprises et des clients fait fondre les revenus. Les tensions internationales demeurent, mais la capacité des grandes puissances à recourir à la force militaire est entravée par l'incertitude de l'approvisionnement en énergie et en pièces de rechange, et par la conscience de plus en plus claire que la guerre consomme plus de ressources qu'elle ne permet d'en conquérir. Le réchauffement climatique est considérablement

---

28. Un nombre croissant d'experts du pic pétrolier suggèrent que le pic actuel de la production de brut, en mai 2005, pourrait marquer le début d'un plateau qui déboucherait en 2010 sur une pente de déclin accéléré.

La coupe et le rangement du bois de chauffe pour l'hiver dans un village de Poméranie (Allemagne), 2005. Dans le scénario d'intendance de la Terre, le bois retrouve son rôle de combustible standard pour la cuisine et le chauffage (des pièces et de l'eau) dans les climats froids et tempérés. La reforestation est essentielle dans les régions sans forêts ; la plupart du temps, elle se fait par régénération naturelle, et souvent avec des espèces exotiques sur les terres agricoles surnuméraires qui ne peuvent être cultivées étant donné les moyens humains, animaux et mécaniques limités.

Marché urbain à Tucano, dans la zone semi-aride du territoire rural de Bahia (Brésil), 2007. Dans un contexte d'accès limité aux transports, les marchés urbains hebdomadaires font sens parce qu'ils rassemblent tous les acheteurs et vendeurs une fois par semaine. Dans le scénario d'intendance de la Terre, le commerce se concentre dans ces marchés en raison de leur efficacité pour le transport des personnes et des biens.

Travailleurs locaux et volontaires bêchant des mauvaises herbes entre des plants de maïs à Marizá, dans l'État de Bahia (Brésil), 2007. Dans le scénario d'intendance de la Terre, le travail en groupe devient la norme pour s'acquitter des tâches longues et ardues mais aussi pour entretenir les liens sociaux et la sécurité du groupe dans des conditions dangereuses.

Petite ferme de chèvres laitières au centre du Chili, 2007, un exemple d'entreprise agricole typique de l'économie informelle de l'Amérique latine, qui approvisionne les consommateurs ruraux locaux, en marge de la production industrielle régulée et centralisée. Dans le scénario d'intendance de la Terre, les activités de cette nature forment le secteur le plus formel et le plus taxable d'économies très locales et très simples.

ralenti, et même inversé par l'effondrement de la société de consommation globale et par l'absence des investissements à grande échelle dans de nouvelles infrastructures énergétiques.

Une réduction drastique se produit dans la mobilité des personnes et des biens. La chaîne d'approvisionnement alimentaire est sévèrement affectée, à la fois sur les exploitations agricoles et dans tout le système de distribution. Les grosses exploitations intensives en énergie qui alimentent les chaînes du marché central sont les plus touchées, ce qui entraîne jusqu'à l'abandon des terres les plus productives. Les pénuries conduisent au rationnement, au marché noir et à des conflits sur l'énergie et la nourriture.

Bus à traction chevaline dans la ville de Sancti Spíritus (Cuba), 2007. Ce bus a des pneus et des suspensions modernes mais n'est équipé que de simples freins sur roue. Dans le scénario d'intendance de la Terre, les villes seront suffisamment petites et peu bruyantes pour que les chevaux y retrouvent un rôle important dans le transport plus limité des personnes et des biens. La relative disponibilité des métaux et matériaux modernes de récupération créera des hybrides entre technologies industrielles et traditionnelles.

L'augmentation de l'insécurité, de la malnutrition et des maladies entraîne une croissance du taux de mortalité, encore accélérée dans certains pays par des épidémies et des pandémies qui ont des effets désastreux sur les capacités socio-économiques. L'effondrement de la base fiscale disponible pour les gouvernements nationaux et régionaux réduit leur puissance, et même la restructuration municipale des infrastructures est difficile. Cela dit, les pouvoirs locaux conservent un certain niveau d'efficacité dans les services publics, la prise de décision, et peut-être dans la démocratie.

L'effondrement des grandes entreprises et les difficultés à entretenir les infrastructures urbaines font que les villes se vident. Les pertes d'emploi et de logement conduisent les gens à migrer des grandes villes vers les bourgades plus petites, les villages et les fermes, là où des économies locales plus robustes peuvent tirer parti de l'afflux de main-d'œuvre. Les conséquences et pressions sur les ressources locales en sol, eau et forêt atteignent des degrés sévères dans de nombreux pays pauvres à mesure que les gens quittent les villes pour glaner combustibles ou proies sauvages et se remettre à produire de la nourriture. Dans les pays développés depuis longtemps, la sous-utilisation des ressources biologiques locales au cours des dernières décennies du 20e siècle permet d'amortir un temps ces incidences.

Les nombreux ex-urbains sans abri forment une nouvelle sous-classe qui n'a pas même le savoir-faire de la pauvreté. En échange du toit et du couvert, ils fournissent leur force de travail non qualifiée aux fermes qui en ont besoin. Les structures de pouvoir restantes peuvent s'adapter pour imposer une structure plus féodale basée sur le contrôle concentré des fermes, des forêts productives et des constructions présentes sur les grands domaines d'exploitation.

Les petites fermes bio, proches de marchés locaux et capables de profiter de la main-d'œuvre et de la traction animale, s'épanouissent (lorsque les conditions de sécurité le permettent) dans un contexte de changement climatique relativement lent et modéré. Un essor explosif d'entreprises à domicile fondées sur la réadaptation, l'entretien et le recyclage des bâtiments et des équipements commence à construire une économie diversifiée. Plus loin, les biocarburants issus des résidus de cultures permettent aux paysans de continuer à utiliser leurs machines tandis que la gazéification du bois et du charbon de bois tirés des repousses forestières voisines des hameaux et des villages fournit une part croissante de la petite quantité d'énergie disponible pour le transport. Ce développement des petites entreprises dégage à son tour une nouvelle base fiscale pour qu'une forme de gouvernement local puisse fonctionner efficacement. Ici et là, de nouvelles gouvernances biorégionales décrètent des réformes agraires et des annulations de dettes, en réponse à l'effondrement des banques centrales et des institutions financières, pour permettre aux gens de rester sur leurs terres et de conserver leurs biens.

Les paysages suburbains autour des petites villes et les bourgades régionales qui jouissent d'un plus grand capital social sont transformés, avec l'essor d'une société relativement égalitaire soutenue par une agriculture permaculturelle et bio-intensive et par une économie de recyclage et de réemploi qui profite aussi bien des ressources de l'arrière-pays que des résidus de la substance urbaine.

Cette ruralisation du paysage suburbain, afin de produire de la nourriture sur toutes les parcelles disponibles, aussi bien publiques que privées, fournit l'essentiel des fruits et légumes frais, aussi bien que des productions laitières et carnées. Les monnaies locales, les coopératives alimentaires, le transport et l'énergie, ainsi que l'agriculture de proximité se développent tous rapidement. À mesure que les réseaux de distribution classiques (gouvernementaux et privés) se délitent, les économies informelles et domestiques satisfont une part croissante des besoins fondamentaux.

Autour des villes plus grandes, en particulier dans les pays où le capital social et les forces communautaires ont été sévèrement érodés, la plupart des restructurations se font sous la forme de *gated communities* qui assurent l'approvisionnement et la sécurité de leurs résidents, les échanges extracommunautaires étant à la fois plus difficiles et dangereux. En dehors des *gated communities*, la récupération, la récolte de combustibles et l'élevage sont les principales activités économiques, tandis que le commerce est contrôlé par des gangs et des chefs de guerre locaux.

Si les conséquences de ce scénario sur les gens et les environnements locaux sont sévères, en tout cas dans les pays autrefois riches et développés, on observe aussi une révolution culturelle et spirituelle à mesure que les populations s'affranchissent de la foire d'empoigne des comportements addictifs pour commencer à jouir de l'heureuse résurgence des communautés et à découvrir la capacité de la nature à satisfaire leurs besoins fondamentaux.

La plus grande différence avec les scénarios Green et Brown Tech est que la reconstruction et la stabilisation ne sont plus fondées sur des rêves de soutenabilité, ni sur l'ambition de restaurer l'ancien système. Les gens acceptent au contraire l'idée que chaque génération devra relever les défis successifs d'une simplification et d'une relocalisation progressives de la société à mesure que l'énergie fossile disponible continuera à décliner. Cette simplification dans le domaine matériel est considérée comme une occasion de développement dans le domaine spirituel. On assiste à une résurgence des femmes dans la gouvernance et de la célébration du féminin aussi bien dans la nature que dans la société. La « reconstruction ascendante » (ou par le bas : *bottom-up*) résume ce scénario en soulignant le fait que la nouvelle croissance s'opère à partir des bases biologiques et communautaires. D'une certaine façon, ce scénario peut être considéré comme l'archétype du futur de la descente énergétique et comme celui où les principes et stratégies de la permaculture sont le plus puissamment appliqués.

Canots de sauvetage : le triage civilisationnel

(Déclin énergétique rapide, symptômes de changement climatique sévères)

Dans ce scénario, l'approvisionnement en combustibles fossiles de haute qualité décline rapidement, l'économie échoue et, si les contributions humaines au réchauffement climatique chutent, les effets à retardement des contributions passées sur le système continuent de provoquer une accélération du réchauffement au niveau mondial. Aujourd'hui, en 2007, les scientifiques sont de plus en plus nombreux à penser qu'il pourrait être déjà trop tard pour éviter un changement climatique catastrophique[29]. Dans le scénario des canots de sauvetage, les symptômes négatifs des scénarios Brown Tech et d'intendance de la Terre se combinent pour imposer un effondrement de la plupart des formes d'organisation économique et sociale. Des guerres locales, incluant le recours aux armes nucléaires, accélèrent l'effondrement dans certaines régions, mais la dégradation des systèmes de pouvoir nationaux fait qu'une guerre mondiale est évitée. Des vagues successives de famines et de maladies ruinent l'économie sur une échelle plus vaste que ne l'avait fait la peste noire dans l'Europe médiévale et, en quelques décennies, divisent par deux la population mondiale.

De nouvelles formes d'oasis agricoles se développent, qui sont comme des versions à faibles intrants des systèmes intensifs du scénario Brown Tech, et qui stabilisent la production de nourriture, tandis que les saisons chaotiques rendent l'agriculture et l'horticulture traditionnelles presque impossibles. La chasse et la cueillette, dans les forêts et les prairies, deviennent les formes principales d'acquisition des ressources dans de grandes régions où

29. Pour une mise au point sur les dernières preuves d'accélération du changement climatique, bien au-delà des pires prévisions jugées crédibles encore récemment, voir « The Big Melt. Lessons from the Arctic Summer of 2007 », *The Asia Pacific Journal*, 2007, vol. 5, n° 11.

règnent des bandes de nomades. Des cultes de guerriers et de gang donnent du sens à un monde de peine et de violence, débouchent sur la formation de nouvelles religions, voire de nouvelles langues, qui s'efforcent de fournir une signification à la vie des gens.

Chasse au kangourou en Australie, 2006. Dans le scénario des canots de sauvetage, le changement climatique rend l'agriculture impossible dans beaucoup de territoires marginaux, et la pauvreté rend l'élevage compliqué à cause du vol de bétail. La chasse devient la principale méthode d'acquisition de protéines, de fourrures ou d'autres produits animaux. Les méthodes low tech telles que pièges et collets sont monnaie courante mais, dans un monde de peur et de manque, l'efficacité des armes à feu, jointe à leur valeur additionnelle comme symboles de sécurité, donne statut et importance aux chasseurs et armuriers. La poudre et les autres composants des munitions deviennent des matériaux stratégiques.

Usines abandonnées à Philadelphie, 2005. Dans le scénario des canots de sauvetage, les bâtiments en ruine fournissent des matériaux de récupération que l'on échange dans des conditions difficiles (à cause du manque de sécurité) dans les zones rurales et périurbaines, contre de la nourriture et d'autres biens de première nécessité.

Bâtiment communautaire dans l'écovillage de Gaia à Navarro (Argentine), avec toit en chaume, murs en pisé et conception en solaire passif, 2007. Dans le scénario des canots de sauvetage, les communautés volontaires existantes en milieu rural, avec des équipements et une économie partagés, pourraient être les mieux à même de conserver une gouvernance collective aussi bien que des chaînes de transmission de l'information et des compétences en matière de méthodes de construction low tech, de production de nourriture et d'entretien de la santé.

Camion en état de marche dans un village du Venezuela, 2007.
Dans le scénario des canots de sauvetage, les compétences de bricolage mécanique seront très valorisées pour permettre de garder les véhicules, machines et outils importants en état de marche malgré l'absence de pièces détachées, de combustibles ou de lubrifiants fiables.

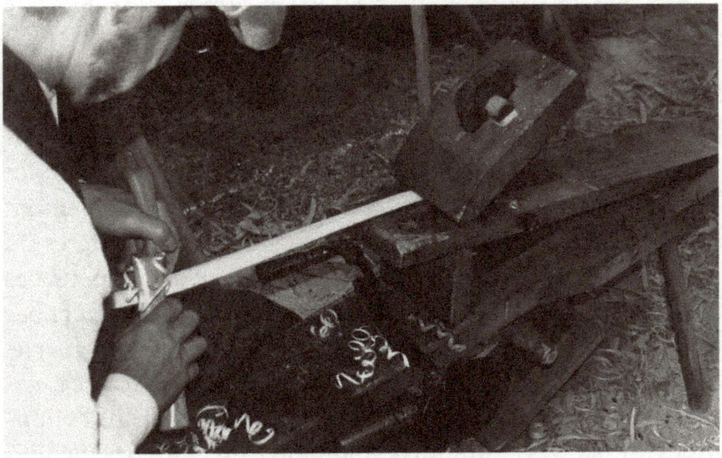

Banc d'âne à dégauchir le bois utilisé par un menuisier traditionnel à Oamaru (Nouvelle-Zélande), 2007. Dans le scénario des canots de sauvetage, les savoir-faire tels que la fabrication d'outils traditionnels low tech deviennent essentiels pour leur utilité et leur capacité à se perpétuer en l'absence de production industrielle.

Les territoires urbains sont largement abandonnés et dangereux, mais restent convoités comme carrières où récupérer des matériaux, en particulier des métaux. Les paysages suburbains se ruralisent en hameaux défensifs qui tirent parti de matériaux récupérés, des eaux pluviales et des constructions surnuméraires pour développer des activités économiques interdomestiques.

Les effets sont très inégaux, les pires se produisant dans les régions autrefois riches et urbanisées. Dans les régions les plus reculées, les restes de cultures de chasseurs-cueilleurs ou de paysans pionniers sont plus aptes à encaisser et tempérer le changement. La relative abondance et la disponibilité de métaux de haute qualité, comme aussi d'autres types de matériaux, font une grande différence technique par rapport aux vieilles cultures traditionnelles de chasse et de cueillette.

Les régions montagneuses, en particulier là où les glaciers alimentent toujours des rivières, permettent le maintien et la reconstruction à petite échelle de systèmes hydroélectriques. Les rivières glaciaires, riches en substances nutritives, permettent aussi d'entretenir l'irrigation d'une agriculture intensive. Par endroits, en particulier dans les régions favorables où les ressources énergétiques et alimentaires sont aisément accessibles, des communautés analogues aux monastères du haut Moyen Âge transmettent les savoir-faire et compétences de base aux communautés voisines, et sont ainsi protégées par les locaux contre l'agression des pirates et des chefs de guerre. Ces communautés, la plupart fondées dans des régions rurales et suburbaines grâce aux efforts menés avant l'effondrement par des communes volontaires ou de riches bienfaiteurs, poursuivent l'ambition de sauvegarder et de condenser le savoir et les valeurs culturelles pour affronter la longue ère de ténèbres qui s'annonce. Le « triage civilisationnel » désigne le processus par lequel la faculté sociale résiduelle (au-delà de la satisfaction des besoins fondamentaux immédiats) se focalise sur la sauvegarde de la technologie et de la culture qui pourraient s'avérer utiles à une future société, lorsque la descente énergétique se sera stabilisée après un phénomène d'effondrement drastique mais limité[30]. Ce n'est pas le processus dominant dans ce scénario, mais c'est le plus déterminant pour la capacité culturelle future. Les monastères chrétiens qui sauvegardèrent de nombreux ingrédients de la culture gréco-romaine et qui fournirent ensuite les fondations de la Renaissance de la civilisation occidentale sont un exemple historique qui pourrait servir de modèle pour comprendre la façon dont ce processus pourrait fonctionner.

À son extrême, ce scénario contient beaucoup des éléments d'un futur d'effondrement à long terme où l'on assiste à une rupture complète de la lignée de la civilisation industrielle, à tel point que les sociétés simples du futur ne retiendront rien de tout ce que nous avons créé grâce à elle. Il peut paraître sophistiqué de distinguer ce scénario de l'effondrement total, mais il faut néanmoins le faire pour des raisons importantes. Dans le scénario d'effondrement à long terme, toute civilisation qui pourrait éventuellement émerger dans le futur n'apprendrait les leçons de la nôtre qu'à travers l'archéologie, et peut-être quelques vieilles légendes depuis longtemps opaques. Dans le scénario des canots de sauvetage, la rétention d'un certain savoir culturel du passé, combinée à un environnement modérément habitable, permet à de nouvelles civilisations d'émerger, qui peuvent au moins profiter d'une partie du savoir et des leçons de la nôtre.

Trois facteurs pourraient empêcher la chute libre et continue vers une très faible population mondiale de chasseurs-cueilleurs.

---

30. Le triage est une procédure de gestion des soins médicaux donnés aux blessés en situation de guerre ou de catastrophe naturelle, lorsque les ressources disponibles ne permettent pas de sauver toutes les victimes. Ceux qui ont une chance de survie focalisent l'attention, tandis que l'on se contente de soulager la douleur des autres par des soins palliatifs.

Le premier est le joker engendré par le mélange des biotes du monde, en particulier par le grand nombre d'espèces arborées ou autres qui révèlent ce que les forestiers appellent une « vigueur exotique[31] ». Cela permet à de nouveaux écosystèmes recombinés de stabiliser beaucoup d'environnements dont les climatologues disent aujourd'hui qu'ils deviendront inhabitables en cas de changement climatique extrême. Le rejet de minéraux critiques dans la biosphère au cours des deux siècles passés, notamment de phosphore, pourrait permettre à ces nouveaux écosystèmes d'atteindre une productivité biologique supérieure aux possibilités des systèmes préexistants.

Ensuite, l'inondation de grandes régions de terres basses littorales, avec leurs structures coralliennes complexes de villes et d'infrastructures submergées, pourrait également créer des conditions d'estuaires et d'eaux peu profondes extrêmement productives. Ces types d'écosystèmes sont en effet parmi les plus riches et fertiles de la planète[32].

Enfin, la chute brutale de la démographie des humains et leur tendance initiale à rester relativement groupés pour profiter des gigantesques ressources offertes par la récupération des matériaux industriels (mais aussi pour garantir leur sécurité) devraient permettre à de très grandes régions de se remettre sans avoir à recourir à la cueillette et sans trop souffrir des agressions d'autres populations.

31. Il s'agit de plantes qui poussent mieux dans les environnements étrangers que dans leur milieu d'origine, et que les défenseurs de l'environnement qualifient généralement d'espèces invasives. Voir « Weeds or Wild Nature » sur le site HDS, www.holmgren.com.au

32. À la suite du grave tremblement de terre de 1960 près de Valdivia au sud du Chili, de vastes zones humides apparurent à cause de l'affaissement des terres. Ces zones humides avaient une très forte productivité biologique, essentiellement due à une plante aquatique exotique qui permit l'essor d'une considérable population de cygnes, et la convention de Ramsar leur attribua le label de réserve environnementale majeure sur le plan international. Plus récemment, la pollution de ces zones par une plante celluloïde locale a entraîné l'effondrement de la population des cygnes.

Si la science des processus écologiques et l'art de les manipuler avec soin en n'utilisant qu'un minimum de ressources sont conservés et développés dans les communautés de canots de sauvetage, alors la survie et le regain d'une culture plus que minimale pourraient permettre à la population mondiale de se stabiliser à la moitié peut-être, plutôt qu'à un dixième, de son niveau actuel. Plus important encore, il pourrait être possible d'assimiler la sagesse des leçons apprises de sorte qu'une croissance humaine débridée ne répète pas un cycle aussi intense. Clairement, ces dernières réflexions sont hautement conjecturales, mais procèdent néanmoins de la même lignée de pensée permaculturelle, développée depuis trois décennies, qui nourrit aussi les autres scénarios.

Scénario	Énergie et agriculture	Forme d'habitat et mobilité
BROWN TECH **Limitation imposée depuis le haut**	Réseau énergétique centralisé Efficacité high tech Pétrole non conventionnel, gaz, charbon et nucléaire Agriculture hors-sol	Villes très denses, mobilité électrique individuelle Abandon de l'arrière-pays Migrations massives
GREEN TECH **Baisse de tension répartie**	Réseau réparti Mélange gaz, solaire, éolien Agriculture biologique et agroforesterie	Villages compacts et petites villes Transports publics électriques Télétravail
INTENDANCE DE LA TERRE **Reconstruction par le bas**	Réseaux locaux hydrauliques et de méthane Récupération industrielle Agroforesterie, agriculture et horticulture bio	Ruralisation des banlieues, exode urbain, mobilité minimum
CANOTS DE SAUVETAGE **Triage civilisationnel**	Forêts locales et éparpillées, vaines pâtures Récupération industrielle Agriculture d'oasis	Hameaux et *gated communities*

Récapitulation des quatre scénarios de changement climatique et de descente énergétique, en matière de clés de comparaison avec les caractéristiques des anciens systèmes industriels mondiaux en voie de disparition.

Économie et monnaie	Politique	Genre	Culture et spiritualité
Monnaies et banques nationales	Nationaliste/fasciste Société de classes Rationnement et limitation des prix Contrôle démographique	Dominé par les hommes et mixte	Dichotomie entre surrationalisme et fondamentalisme
Monnaies et fonds régionaux	Cités-États et arrière-pays Marchés et rationnement Démocratie	Équilibré et mixte	Humanisme / écorationalisme
Monnaies locales et troc	Villes et biorégions Démocratie participative ? Néo-féodalisme	Dominé par les femmes et genré	Spiritualité terrienne
Économie domestique et troc, métaux précieux	Système féodal, autorité patriarcale	Dominé par les hommes et genré	Culture du guerrier

2. Lettre d'excuses des baby-boomers aux générations qu'ils ont privées de leurs moyens

L'activisme climatique de nos enfants est un signe d'espoir que les jeunes pourraient être prêts à embrasser les alternatives radicales que la permaculture et les mouvements du même genre ont construites dans l'ombre de plus en plus épaisse de l'économie de destruction. La « Lettre d'excuses des baby-boomers aux générations qu'elles ont privées de leurs moyens » a été écrite par David Holmgren pendant le solstice d'été de 2018, mais son thème est de ceux qu'il n'a cessé de ruminer depuis de nombreuses années. Parodiant le discours solonnel d'excuses du Premier ministre australien Kevin Rudd (prononcé au Parlement fédéral le 13 février 2008, à l'adresse des peuples indigènes spoliés et martyrisés par la colonisation de leur continent), cette lettre d'excuse est une reconnaissance clairvoyante, par l'un des pionniers de la pensée écologique moderne, des lourds échecs de sa propre génération. Elle s'adresse directement aux générations qui doivent endosser un héritage éreintant sur bien des plans. Si elle suscite la prise de conscience des baby-boomers, ces excuses ne seront pas inutiles. Mais si elle galvanise un sentiment d'urgence et une action positive, à la fois individuelle et collective, de la part des jeunes, alors David y verra l'espoir qu'une descente équitable et prospère est encore possible.

Il est temps pour nous autres baby-boomers de reconnaître honnêtement ce que nous avons fait ou ce que nous n'avons pas fait de tout ce que nous ont laissé nos ancêtres, et d'être enfin clairs sur l'héritage dont nous avons chargé la génération qui nous succède et celles qui suivront.

Par « baby-boomers », j'entends ceux d'entre nous qui sont nés dans les nations riches du monde occidental entre 1945 et 1965. Dans ces pays, la plupart des gens devinrent les classes moyennes bénéficiaires de l'aisance générale. Le taux élevé des naissances pendant cette période me paraît être le produit d'un optimisme collectif quant au futur et quant aux ressources abondantes et bon marché qui permettraient de soutenir des familles grandissantes.

Même si les bénéfices de la civilisation industrielle mondiale attinrent leur pic alors que nous étions encore jeunes, l'expérience prolongée de ces bénéfices, pour la plupart des baby-boomers des pays riches, a eu pour effet de les rendre aveugles à l'étiolement des possibles auquel furent confrontées les générations suivantes : prix inaccessibles de l'immobilier et du foncier, épuisement écologique et chaos climatique, pour ne citer que quelques-uns des défis en question.

Je suis un homme blanc de la classe moyenne né en 1955 en Australie, l'une des nations les plus riches du « monde occidental », au beau milieu du baby-boom, et je me considère donc bien placé pour présenter des excuses au nom de ma génération.

Au cours de la vie d'un baby-boomer né en 1950 et qui mourrait en 2025 (mort prématurée au regard de l'espérance de vie promise à notre génération), la plus grosse moitié du capital mondial en pétrole – la ressource puissante qui a rendu la civilisation industrielle possible – aura été brûlée. Cela représente la dépense de dizaines de millions d'années d'énergie solaire accumulée à une époque géologique spéciale, caractérisée par une extraordinaire productivité biologique. Au-delà de la satisfaction de nos besoins fondamentaux, nous avons été gavés de besoins et de désirs manufacturés. À des degrés divers, nous avons également souffert des innombrables désagréments, addictions et aliénations qui ont accompagné le capitalisme consumériste gavé aux combustibles fossiles.

Il est vrai aussi que notre génération a utilisé le génie des combustibles fossiles pour créer des merveilles en matière de technologie, d'organisation et d'art, aussi bien qu'une grande variété d'idées et de styles de vie. Parmi les conséquences non désirées de notre mode de vie, certaines, comme la résistance aux antibiotiques et les bulles financières, auraient dû être clairement prévisibles, tandis que d'autres, comme l'épidémie de dépression chronique dans les pays riches, étaient plus difficiles à anticiper. Nos voyages autour du monde ont ouvert nos esprits, mais le tourisme mondial a dégradé l'incroyable diversité de la nature et des cultures traditionnelles à un rythme accéléré. Nous pouvons certes brandir l'excuse que les innovations ont toujours leurs avantages et leurs inconvénients, mais il semble que nous ayons joui d'une grosse partie des avantages et légué l'essentiel des inconvénients aux pays les plus pauvres ainsi qu'à nos enfants et petits-enfants.

Nous avons été la première génération à disposer de la preuve scientifique claire que la civilisation mondiale émergente était engagée dans une voie insoutenable qui précipiterait un effondrement de la nature et de la société au cours du 21e siècle. Même si le dérèglement climatique n'était pas un attendu aussi évident que celui de l'épuisement des ressources, la reconnaissance internationale de la réalité du changement climatique remonte tout de même à 1988, c'est-à-dire à la période où nous commençâmes à prendre les rênes du pouvoir, et depuis lors nous avons administré des décennies de politiques qui n'ont fait qu'aggraver le problème : les conséquences indésirables du processus sont passées du statut de risques lointains à celui de réalités vécues. Elles frappent tout particulièrement les populations les plus vulnérables de notre planète, c'est-à-dire celles qui n'ont pas eu la chance de profiter de la manne fossile qui a provoqué l'emballement de la catastrophe climatique. Pour notre échec à partager mondialement les bénéfices de cette manne en modérant notre propre consommation, nous sommes vraiment navrés.

Dans les années 1960 et 1970, lors de notre passage à l'âge adulte, bon nombre d'entre nous se montrèrent critiques à l'égard de ce que nous avait transmis la génération de nos parents qui avaient eux aussi été les bénéficiaires du système occidental que certains d'entre nous considéraient comme un empire mondial. Mais nos grands-parents et nos parents avaient été façonnés par les rigueurs et les affres de la première crise mondiale des années 1890, de la Première Guerre mondiale, de la Grande Crise de 1929 et bien entendu de la Seconde Guerre mondiale. Mis à part ceux d'entre nous qui furent enrôlés dans la guerre du Vietnam, nous avons évolué dans la vie en évitant les pires menaces de l'annihilation nucléaire et de la crise économique, alors même que les populations d'autres pays enduraient les conséquences des guerres par procuration des superpuissances, des coups d'État, et des catastrophes économiques et environnementales.

Même si quelques-uns et quelques-unes d'entre nous ont été brisés par des événements personnels ou mondiaux, nous avons, pour la plupart, mené une existence agréable en jouissant du privilège de critiquer notre éducation et notre culture. Nous avons été la première génération de l'histoire à jouir d'une longue adolescence d'expérimentation et de privilège sans beaucoup nous préoccuper ni nous tenir pour responsables de notre futur, de nos proches ou de notre pays.

La plupart des baby-boomers ont grandi dans des familles où la norme était que les pères travaillaient à l'extérieur, mais où un style de vie domestique était encore un modèle que nous héritions des mères. Dans notre enthousiasme à conquérir pour les femmes un accès égal au travail productif dans l'économie monétaire, peu d'entre nous se rendirent compte que, sans plus de force de travail pour faire prospérer l'économie domestique, nous abandonnions une bonne partie de notre autonomie aux forces du marché. En allant bosser ailleurs quotidiennement, la plupart du temps seuls dans nos voitures, nous avons institué cette activité incroyablement dissipatrice et destructrice comme normale et inévitable.

Lorsque notre génération est arrivée aux commandes à l'âge mûr, la nouvelle technologie de l'internet, la miniaturisation des outils et quantité d'autres innovations permirent en principe de participer à l'économie monétaire sans avoir besoin de se déplacer, mais nous n'en persistâmes pas moins dans cette furieuse addiction collective. En Australie, nous suivîmes fidèlement le modèle américain qui consiste à ne pas investir dans les transports publics, alors même que ceux-ci ont modéré les conséquences néfastes de la circulation généralisée en Europe et dans les autres pays qui ne sont pas aussi structurellement dépendants de l'automobile. En échouant à construire un réseau décent de transports publics et les conditions nécessaires au développement du travail à domicile, et en gaspillant les ressources dans une frénésie de chantiers autoroutiers qui a étranglé nos villes, notre génération a dilapidé la dot de nos petits-enfants en énergies de haute qualité pour le transport, et accéléré l'advenue du dérèglement climatique. Nous en sommes vraiment désolés.

En étant les pionniers de la famille à double revenu, certains d'entre nous ont jeté les bases de l'habitude qu'a prise la génération suivante de déléguer la garde des enfants dès le plus jeune âge, et de faire ainsi des trajets cinq jours par semaine une expérience de la petite enfance. Cela a rendu la génération suivante incapable d'imaginer une vie qui n'implique pas de quitter chaque jour son domicile.

Ce ne sont là que quelques-uns des aspects de la crise plus large qu'a entraînée le double revenu en multipliant les foyers rongés de dettes qui dépendent à quasi 100 % de l'économie monétaire. Privées d'économies domestiques robustes et productives, les générations de nos enfants et de nos petits-enfants deviendront les victimes des disruptions et des crises sauvages de l'économie monétaire. Pour n'avoir pas su maintenir et renforcer les fibres de l'indépendance, de la frugalité et de l'autonomie que la plupart d'entre nous avions héritées de nos parents, nous devrions présenter nos plus plates excuses.

Certains d'entre nous avions la conviction que nous devions créer un monde différent et meilleur. Certains sentaient bien que le monde réclamait une justice globale. Certains avaient bien compris (en particulier grâce aux preuves accumulées par *Les Limites à la croissance* en 1972[33]) qu'essayer de poursuivre la course à la croissance matérielle sur une planète finie ne pouvait aboutir qu'à bien pire que des larmes.

Quelques-uns parmi nous rejetèrent même l'héritage des générations précédentes, celle de l'action directe et radicale contre les problèmes du monde, et décidèrent au contraire que nous construirions le monde que nous voulions en le vivant chaque jour. Nous y acquîmes des leçons durement gagnées, et nous créâmes même des modèles fructueux que les générations suivantes pourraient améliorer pour faire face à des situations plus difficiles.

Que nos efforts pour mettre en œuvre des solutions nouvelles aient souvent fait plus de bruit que de lumière, ou que nous ayons virevolté d'un problème à l'autre plutôt que de parcourir tout le chemin nécessaire pour transmettre des dispositifs de conception vraiment robustes à un monde de

---

33. Donella H. Meadows, Dennis L. Meadows, Jørgen Randers et William W. Behrens III, *Halte à la croissance ?*, Paris : Fayard, 1972.

plus en plus démuni, tout cela nous laisse des regrets dont nous pourrions aussi ressentir le besoin de nous excuser.

Ces sentiments sont partagés jusqu'à un certain point par une minorité à chaque génération, mais il est clair que les années 1960 et 1970 furent une période pendant laquelle la conscience du besoin de changer fut beaucoup plus forte. Malheureusement, une série de conflits géopolitiques titanesques que peu d'entre nous comprennent aujourd'hui encore, une version gavée de dette du capitalisme consumériste, et la propagande menée à la fois contre les *Limites à la croissance* et contre les valeurs de la contre-culture amenèrent la plupart d'entre nous à suivre la feuille de route néolibérale dans les années 1980 et après.

Après avoir joui du privilège d'études supérieures gratuites, la plupart d'entre nous, dévoyés par la propagande, laissâmes nos enfants accumuler des dettes et des bénéfices douteux dans ces entreprises commerciales que sont devenues les universités. Nous convainquîmes nos enfants qu'ils avaient besoin d'ingurgiter un savoir plus spécialisé au lieu d'utiliser leurs meilleures années à se construire les compétences et la résilience nécessaires pour affronter les défis que notre génération leur léguait. De cela aussi, nous devons être profondément désolés.

Beaucoup d'entre nous ont été en situation d'acheter de des biens immobiliers avant que les derniers stades de la machine à crédit du capitalisme de casino ne fassent de cette option une recette d'esclavage par dette pour nos enfants. Sans en comprendre la mécanique, nous avons contribué – et gonflé de notre foi aveugle – à une économie de bulle à grande échelle qui ne pourra s'achever que dans la peine et la souffrance de la majorité. Même si certains d'entre nous sont affiliés à la banque de Papa et Maman, nous pourrions bien, lorsque la bulle immobilière éclatera, nous retrouver à emboîter le pas des patrons de banque et nous excuser du fardeau de dette que nous avons encouragé nos enfants à porter. Certains d'entre nous devront en outre s'excuser d'avoir perdu la maison familiale lorsque nous nous sommes portés garants de leurs emprunts. Pour n'avoir pas tenu compte des avertissements qui nous furent donnés par la crise financière mondiale de 2008, là encore, nous serons vraiment désolés.

Certains d'entre nous ont utilisé leurs soudaines rentrées d'argent dues à l'immobilier et à la bourse pour faire de bonnes choses, comme créer des modèles à petite échelle pour des futurs plus créatifs et moins extractivistes, lesquels ont inspiré la minorité des générations suivantes qui sait aussi voir les avertissements. Mais la plupart d'entre nous avons utilisé nos maisons comme des distributeurs automatiques pour financer de nouvelles formes de consommation qui auraient été inimaginables pour nos parents : voyages autour du monde, rénovations sans fin, flot constant de gadgets numériques et de divertissements virtuels dernier cri. Pour ce gaspillage frivole de nos revenus et de nos rentes, nous sommes vraiment désolés.

Alors que la génération de nos parents expérimenta les risques de la jeunesse à travers l'adversité et la guerre, nous avons eu le privilège de pouvoir affronter les défis de notre choix. Bien que certains d'entre nous aient dû se battre pour s'émanciper du cocon écœurant de l'éducation des classes moyennes, nous avons été la génération de ceux qui s'envolent comme des oiseaux pour aller faire du stop à travers le pays et le monde.

Comment se fait-il donc que, devenus parents (souvent assez tard), nous ayons cru la propagande qui voulait que le monde soit trop dangereux pour que nous laissions nos enfants faire la même chose dans leur quartier ? De fait, nous les avons couvés, sommes devenus leurs chauffeurs, et avons ainsi encouragé leur déconnexion de la nature et de la communauté. En constatant que la génération de nos petits-enfants est élevée d'une façon qui les rend encore plus handicapés, nous devons regretter le chemin que nous avons suivi et le malaise que nous avons créé.

Alors que nous avons été très nombreux à consommer des plantes et des drogues hallucinogènes, certains d'entre nous tombèrent dans de sévères addictions, mais ce sont les absurdes interdictions légales, produits de la corruption, beaucoup plus que les substances elles-mêmes, qui sont responsables des pires dommages en la matière. Comme il est donc étonnant que, une fois parvenue à maturité et en position de pouvoir, notre génération ait assez unanimement décidé de continuer à soutenir la folie de l'interdiction.

Nous devrions vraiment nous excuser pour cela : avoir vu la lumière, pour continuer à infliger ce fardeau à nos enfants et petits-enfants. Pour avoir acquiescé à la « Guerre contre la drogue » (« *War on Drugs* ») qui a répandu la souffrance et la douleur sur quelques-unes des populations les plus pauvres du monde, nous devrions avoir honte.

Quand la « Guerre contre la drogue » (une guerre contre des substances !) servit de modèle à la « Guerre contre le terrorisme » (une guerre contre un concept !), certains d'entre nous relancèrent l'activisme antiguerre des années Vietnam, mais à la fin nous nous rangeâmes pour la plupart à un programme de droit international bafoué, de coups d'État, de choc et de stupeur, de chaos et de morts par millions ; tout cela justifié par les feux d'artifice de démolition du 11-Septembre qui ne tuèrent qu'une petite fraction du nombre de citoyens qui meurent chaque année par suite de notre addiction chronique à l'automobilité individuelle motorisée.

Tandis que l'ombre du changement climatique bouche l'horizon de nos petits-enfants, l'ombre de l'hiver nucléaire potentiel qui pesa sur notre enfance n'est pas dissipée.

Beaucoup d'entre nous furent à l'avant-garde du mouvement international de lutte pour débarrasser le monde des armes nucléaires, et nous avons pensé que l'effondrement de l'Union soviétique nous avait sauvés de cette menace. Lorsque nous sommes arrivés au pouvoir après la fin de la guerre froide, notre plus grand crime sur ce front géopolitique a sans doute été le soutien tacite de notre génération, d'abord au viol économique de la Russie dans les années 1990, et ensuite à son encerclement progressif par l'expansion implacable de l'OTAN. En Australie, nous avons docilement fourni notre contingent de ressources et de jeunes gens pour alimenter des guerres plus ou moins interminables au Moyen-Orient et en Asie centrale, toutes justifiées par le carnaval de la « guerre contre le terrorisme ». Pour la faiblesse qui nous a rendus complices de crimes mondiaux qui ont gaspillé des ressources et des vies afin de consolider le contrôle par les puissances occidentales de ce qui est vraiment le premier empire mondial, nous devrions nous pendre collectivement de honte.

Tandis que quelques intellectuels de notre génération continuèrent à critiquer la « guerre contre le terrorisme » comme une imposture, la grande majorité des intellectuels publics de notre génération, y compris de gauche, ont soutenu l'émergence rapide de la guerre froide 2.0 pour contenir la Russie, la Chine et tous les autres pays qui n'acceptent pas ce que nous appelons à présent « l'ordre international fondé sur le droit » (qui est le nom de code pour « notre empire »). C'est là une chose vraiment étonnante quand on la remet dans le contexte de l'histoire qui fut la nôtre. Espérons que la santé mentale prévaudra lorsque notre empire s'effacera, et que les futures générations ne nous stigmatiseront pas comme la génération la plus psychopathe et la plus belliqueuse de tous les temps. Pour notre complicité dans cette insigne défection à la résistance, nous devrions vraiment présenter nos excuses.

Sur un autre front tout aussi titanesque, l'erreur d'avoir conféré un statut de personne morale aux entreprises n'est pas imputable à notre génération. En revanche, la plupart d'entre nous avons largement contribué, par notre travail, notre consommation et nos capitaux, à faire que ces machines capitalistes à s'auto-organiser, maximiser les profits et minimiser les coûts se transforment en nouvelles formes de vie qui menacent de consumer la nature et l'humanité dans une fièvre de croissance algorithmique. Accédant à l'âge mûr, nous échouâmes à utiliser la crise financière mondiale de 2008 comme une occasion de maîtriser ces monstres émergents. Nos enfants auront-ils la capacité d'apprivoiser ces monstres que nous avons fait passer du statut de choses fragiles à celui de tyrans ? Et s'ils trouvent la volonté de soustraire suffisamment leur travail, leur consommation et leur capital pour contenir ces entreprises, l'économie qui satisfait actuellement aussi bien les besoins que les désirs s'effondrera-t-elle complètement ? Il s'agit là d'un fardeau si lourd que la plupart d'entre nous persistons à croire que nous n'avons ni la responsabilité ni la capacité d'intervenir dans cette sombre réalité. Nous espérons que l'histoire ne placera pas ce fardeau de culpabilité sur les épaules de notre seule génération. Mais pour la part que nous avons prise à cet échec dans la maîtrise des affaires humaines, nous présentons nos excuses. En outre, nous devrions accepter de bonne grâce les conséquences de cet échec sur notre propre mode de vie.

La plupart d'entre nous nous sentons impuissants lorsque nous songeons à ces échecs à contrôler les excès de notre époque, mais à une échelle plus modeste, nous avons étourdiment participé à accaparer les biens et à transmettre les maux aux générations futures. En particulier en acceptant que les médecins nous prescrivent des antibiotiques pour traiter les maladies les plus banales. Pour la génération de nos parents, les antibiotiques représentaient le sommet de la capacité de la science médicale à contrôler ce qui avait tué tant de gens parmi leurs parents et les générations précédentes. Pour nous, ils devinrent des outils standard destinés à nous permettre de continuer à travailler, et à nos enfants de ne pas manquer de précieux jours d'école. En adoptant cette pratique banale, nous avons inconsciemment conspiré avec nos médecins à développer une résistance aux antibiotiques les moins chers et les plus efficaces. Nous pensions que les générations futures n'auraient aucun problème à trouver des façons d'échapper aux maladies grâce à toute une série de nouveaux antibiotiques. Pour avoir dilapidé cet héritage, nous présentons là encore nos plus profondes excuses.

Par ailleurs, même si certains d'entre nous sont devenus végétariens, voire végans, les besoins de notre génération en poulet et bacon bon marché ont poussé l'industrie à gaver les animaux d'antibiotiques à une échelle qui a propulsé le développement de la résistance aux antibiotiques à une vitesse bien supérieure à ce qui se serait produit si nous nous étions contentés de les administrer à nos enfants et nous-mêmes. Pour avoir encouragé, entre autres, des systèmes d'élevage animal aussi obscènes, nous présentons nos excuses à nos petits-enfants ainsi qu'aux générations suivantes, et nous espérons qu'une sorte d'arrangement entre l'humanité, les animaux et les microbes sera encore possible.

Nous avons vécu et joui de la culture émergente des droits et de la reconnaissance des femmes, des minorités et des personnes plus ou moins handicapées, et beaucoup d'entre nous qui se sont battus pour défendre et étendre ces droits sont fiers de ce qu'ils ont fait. Mais nous sommes aussi quelques-uns à craindre que, ce faisant, nous n'ayons contribué à créer de nouveaux besoins, de nouveaux handicaps, et de nouvelles subcultures grincheuses de peur et de névrose, que les générations précédentes n'auraient même pas pu imaginer. Bien que nous ne soyons sans doute pas au poste de pilotage des politiques identitaires et des guerres de culture, nous avons élevé nos enfants dans l'idée qu'ils devaient faire valoir leurs droits dans un monde qui s'effondre à cause de ses multiples contradictions. Dans ce contexte émergent, les réclamations véhémentes de droits pourraient bien représenter le gaspillage d'une énergie précieuse que les jeunes feraient mieux d'employer à devenir plus utiles à eux-mêmes et aux autres. Pour avoir excessivement mis l'accent sur la revendication des droits, et minimisé la nécessité d'une autonomie responsable, tant personnelle que collective, nous devrions aussi faire amende honorable.

On peut du reste se demander si cette escalade dans la revendication de droits par les plus jeunes ne serait pas vaguement en rapport avec la montée en régime du mépris le plus total du droit des autres. Dans le cas des réfugiés en particulier, cette indifférence a permis aux élites politiques d'utiliser la dure répression des moins fortunés pour distraire les autres de la perte progressive du privilège collectif que constituait l'appartenance au « pays chanceux ». À la honte de ceux qui étaient au pouvoir au cours des deux dernières décennies (baby-boomers pour la plupart), ces politiques sont maintenant mises en œuvre à plus grande échelle en Europe et aux États-Unis.

Au cours de notre existence, la foi religieuse a décliné. Pour beaucoup de personnes de notre génération, ce déclin représente une mesure du progrès réalisé par une humanité évoluant d'un passé obscurantiste vers un futur plein de promesses. Cependant, la croyance collective dans la science et dans les « procédures de décision basées sur les faits » est aujourd'hui devenue une nouvelle religion, le « scientisme », qui cherche à évincer de l'espace public toutes les autres façons d'être et de penser. En même temps, le fondamentalisme religieux resurgit. Est-ce là aussi un phénomène que notre génération aura provoqué en prêchant la tolérance tout en imposant une idéologie que nous ne reconnaissions pas même comme telle ?

Une marque assez significative des bonnes intentions de notre génération a été notre reconnaissance du fait que la vieille guerre contre la nature, qui a empoisonné la vie humaine depuis les débuts de l'agriculture, et par conséquent de la civilisation, doit prendre fin. Et une expression puissante de nos efforts en ce sens a été la valeur que nous avons attachée à la biodiversité, et en particulier à la biodiversité indigène locale. Dans les « Nouvelles Europes » de l'Amérique du Nord et des Antipodes, la volonté de sauvegarder la biodiversité indigène est devenue une forme institutionnelle d'expiation des péchés de nos ancêtres. Mais ce qui nous paraît être l'une de nos prouesses, nous l'avons vulgarisée en une nouvelle guerre contre la biodiversité acclimatée. Et l'un des pires aspects de cette guerre renouvelée contre les écologies émergentes sera sans doute d'avoir accepté le concours de Monsanto en utilisant le Roundup comme arme de choc dans nos territoires urbains et ruraux. Les preuves qui s'accumulent pour démontrer que le Roundup pourrait être pire que le DDT feront partie de notre legs. Alors que l'histoire excusera peut-être la génération de nos parents pour son optimisme naïf à l'égard des promesses du DDT, elle ne sera certainement pas aussi clémente pour cette nouvelle version de la guerre contre la nature que notre génération a commise. Pour cela aussi, nous devrions présenter nos excuses.

Certes, toute forme d'excuses publiques dans ce pays appelle la comparaison avec les excuses présentées par les gouvernements à la génération dépossédée des peuples indigènes australiens pour les torts qui leur furent infligés dans le passé. Cette entreprise de contrition, incomplète et insolvable, dépasse le cadre de ces excuses, mais elle offre l'occasion d'une réflexion critique sur le sentiment collectif que nous avons de défendre les droits des peuples indigènes, par contraste avec le racisme ordinaire des générations précédentes. L'invitation et les encouragements à participer plus pleinement à la société australienne dominante, que notre génération a adressés aux Australiens de filiation indigène, ont peut-être été une étape nécessaire vers la réconciliation ; mais il se pourrait bien qu'ils aient aussi été un cadeau empoisonné destiné à les attirer plus profondément encore dans les dysfonctionnements de la modernité industrielle que j'ai déjà esquissés. Il reste à espérer que des peuples disposant d'une telle tradition de résilience et de compréhension face à la spoliation accepteront sans sourciller ces fardeaux supplémentaires…

Ce qui est sûr, c'est que ces excuses ne sont pas formulées depuis une position de privilège invulnérable, pour réconforter ceux qui ne seraient de toute façon pas en mesure de menacer ce privilège. Car beaucoup de baby-boomers, qui s'occupent à présent de leurs parents et sont confrontés à leur mort, sont amenés à l'introspection. Certains d'entre nous, en particulier ceux qui ont perdu leurs parents, finissent, à travers cette épreuve à la fois douloureuse et tendre, par grandir enfin. Mais une tragi-comédie pourrait bien se produire sur nos vieux jours, si un mélange de nouvelles infirmités, de paniques et de culture des droits conduisait les générations de nos enfants et petits-enfants à juger leurs conditions objectivement plus dures comme pires encore qu'elles ne le seraient en réalité, et à décider que nous sommes la cause de leurs ennuis.

Nous autres baby-boomers découvrirons alors que notre dépendance croissante à l'égard des plus jeunes nous soumettra à leurs points de vue, leurs caprices et leurs préjugés. Avec un peu de chance, nous saurons les encaisser et, avec nos enfants et petits-enfants, grandir et collaborer tous ensemble pour affronter le futur avec les moyens et compétences qui nous resteront.

Nous espérons que ces excuses seront entendues comme une sonnette d'alarme par les jeunes générations qui, pour beaucoup, avancent encore en somnambules vers les maelströms qui s'annoncent. En tirant cette alarme, nous espérons aussi que nos humbles excuses galvaniseront l'énergie des jeunes gens qui se saisissent de toutes les occasions de changer les problèmes en solutions.

Nous espérons en tout cas que nos excuses conduiront davantage à comprendre plutôt qu'à condamner la faiblesse qui fut la nôtre face aux puissantes forces de changement qui ont amené la culmination de la civilisation industrielle mondiale. Enfin, l'enjeu pour notre génération est d'apprendre comment décroître et nous dépouiller avant de nous préparer à mourir, avec grâce, au moment que nous aurons choisi, et d'une manière qui puisse à la fois inspirer et encourager les générations suivantes à tracer la voie d'une descente prospère.

3. Le clivage des classes sociales par temps de pandémie : une perspective permaculturelle

Le fossé entre riches et pauvres a été souligné par les conséquences de la pandémie[34]. Pour ceux qui peuvent travailler en ligne dans un domicile spacieux et tranquil, et qui ont des ressources financières leur permettant de surmonter la crise, la vie a généralement été tolérable. Leur consommation a continué en ligne, par livraison à domicile. Pour les plus vernis, qui disposent de maisons en ville et à la campagne, un transfert sans problème vers une maison rurale leur a garanti un espace de respiration et souvent, aussi, un plus grand degré d'autonomie.

Les politiciens et la population ont pareillement loué l'action des professionnels de la santé sur le front. Cette conscience et cette appréciation se sont étendues des médecins relativement bien rémunérés jusqu'aux catégories beaucoup plus nombreuses des infirmières et même des agents hospitaliers et agents de propreté, jusqu'alors invisibles, mais plus essentiels que jamais dans une économie où le nettoyage est une activité majeure.

Ce projecteur braqué sur le personnel de santé a également mis en lumière, dans une certaine mesure, les ouvriers agricoles, les camionneurs, les employés de supermarché, les éboueurs, et la myriade des autres travailleurs qui font tourner les secteurs les plus essentiels du système. Le fait que ces travailleurs soient les moins bien payés, qu'ils doivent travailler en étant exposés au virus et qu'ils soient souvent très peu protégés et défendus par des syndicats a également été souligné.

L'expérience de l'éducation à domicile a également relevé le statut des enseignants et des gardes d'enfants en mettant en lumière non seulement la difficulté des tâches qui sont les leurs mais aussi l'importance de tout ce qui concerne la croissance et l'apprentissage des enfants.

34. Caleb Silver, « Pandemic Exposed Health Inequality and Flaws of Market Economy », *Investopedia*, 27 octobre 2021, investopedia.com

Pour ceux qui sont confinés chez eux dans des appartements sans espaces extérieurs, sans parler de ceux qui sont en locations précaires ou entassés dans des lieux partagés en compagnie d'autres qui sont également exposés par leur travail, les pressions et les risques sont beaucoup plus élevés. La colère des personnes qui sont dans cette situation envers les gens mieux nantis est de nature à alimenter des tensions de classes à mesure que la peur du virus déclinera mais que l'épreuve vécue de la Seconde Grande Dépression s'étalera pendant des années. La satire reste l'une des soupapes créatives de cette colère.

Nombreux sont ceux qui constatent enfin à quel point nous devrions opérer une grande redistribution des risques et des avantages, depuis le secteur bouffi des services financiers et des échelons supérieurs de la plupart des autres secteurs, au profit des gens dont la plupart d'entre nous dépendons réellement. En Australie, nous avons vu les gouvernements néolibéraux mettre en œuvre un dispositif assez voisin d'un revenu de base universel et déverser de tels torrents d'éloges sur les professionnels du soin et de la santé qu'il sera peut-être politiquement impossible de revenir à l'habitude prise d'essayer d'obtenir des travailleurs toujours plus d'efficacité dans un système de santé déjà surmené. La pandémie a mis en lumière combien l'Australie est différente des États-Unis où des systèmes de santé dysfonctionnels, de massifs écarts de richesses, de terribles pathologies latentes et des charges de morbidités, une couverture sociale et médicale réservée aux nantis, des budgets militaires boursouflés pour maintenir l'empire mondial, et des élites politiques en guerre les unes contre les autres ont plongé la population dans une situation pire que la plupart des pays du tiers-monde.

Un point de vue permaculturel peut-il apporter quelque lumière et fournir un modèle de changement adaptatif dans le contexte de la crise actuelle ? Je crois que mettre en pratique les principes éthiques et de conception de la permaculture dans nos façons de vivre permet de réduire notre vulnérabilité face aux chocs de toutes espèces, sans accaparer pour cela les privilèges et la richesse de la société au détriment des autres, et tout en réduisant radicalement notre empreinte écologique. Ce faisant, nous pouvons façonner une société de « partage équitable » capable de fonctionner à l'intérieur des limites écologiques.

Pour commencer, j'aimerais rapporter une anecdote de ma jeunesse. Lorsque j'avais 16 ans, en 1971, je me souviens d'une discussion que j'avais eue avec un ami très proche sur le fait que notre amitié qui paraissait si profondément ancrée dans des idées partagées et une expérience commune n'était pourtant soudée par aucune indépendance, ni par aucun échange sur le plan des besoins matériels. Je mettais notre relation en contraste avec celle que nous entretenions avec les gens qui faisaient tourner les centrales électriques ou qui ramassaient les ordures, dont nous ne nous préoccupions absolument pas, sinon que nos parents payaient les factures d'électricité et les impôts locaux. J'attribue cette conscience de la justice sociale à mon éducation familiale, plus tard combinée avec ma propre exploration d'une vision écologique de la société, capable d'informer une vie conforme à l'éthique et aux principes de conception de la permaculture.

Assez tôt dans ce voyage exploratoire, je me rendis compte que nos relations intellectuelles, émotionnelles et sexuelles demandaient à être soutenues par une intime réciprocité d'échange qu'il est impossible de trouver dans l'économie monétaire. En reconstruisant les économies non monétaires, domestiques et communautaires, du troc, de la réciprocité, du don et de l'amour, nous générons le ciment interpersonnel qui peut nous guider à travers les montagnes russes des idées, des émotions et des engouements qui perturbent et détruisent constamment nos relations les plus précieuses.

Au vu de cette redécouverte postmoderne de la pertinence politique des valeurs et de la sagesse traditionnelles, certains me considéreront peut-être comme une espèce de conservateur nouvelle manière, qui aurait répudié l'anarchisme écologique de sa jeunesse. Je la vois plutôt comme partie intégrante d'une évolution profonde de mes racines radicales vers la construction d'une nouvelle (perma)culture à l'ombre d'une autre devenue obsolète. L'un des casse-têtes éthiques de cette tâche multigénérationnelle est de savoir comment parasiter ce système obsolète pour nourrir le développement du nouveau, mais sans se faire le parasite des gens ordinaires qui ont toujours foi dans un système dont leurs vies dépendent largement. J'utilise le terme de « parasite » sans la connotation péjorative habituelle, parce que je sais que les parasites sont des formes de vie qui aident à réguler les communautés écologiques et à redistribuer les ressources. Dans les années 1980, j'ai connu et respecté des personnes qui acceptaient les allocations du chômage comme une subvention clandestine que la société aurait accordée à leurs expériences frugales de subsistance rurale et de permaculture, alors même que mon goût pour l'autonomie m'interdisait personnellement d'accepter cette subvention.

J'ai vécu une vie pleine et heureuse tout en réduisant mon poids écologique, c'est-à-dire mes recours à des services financés par les impôts ou fournis par le capitalisme mondialisé. Je l'ai fait en investissant dans une résilience personnelle, domestique et communautaire, aux chocs de toutes sortes. Ma complicité avec Su Dennett[35] depuis près de quatre décennies a été le plus significatif des soutiens tout au long de cette aventure partagée.

Je suis intensément conscient des privilèges, ethnique et culturel et d'appartenance nationale, qui sous-tendent cette réussite personnelle. Des contradictions permanentes et des dilemmes éthiques soulèvent quantité de questions quand

35. Su Dennett est la compagne de David Holmgren et elle-même une figure importante dans le monde de la permaculture (NDT).

on appartient à une élite à peine reconnue, qui a, de mon point de vue, la responsabilité de rendre la pareille et de transmettre, en contribuant à tracer de nouvelles voies vers l'harmonie écologique et sociale.

J'ai passé l'essentiel de ma vie dans une espèce de dissonance entre d'un côté le privilège d'avoir la liberté de choisir et une certaine influence dans le monde, et de l'autre une existence en dessous du seuil officiel de pauvreté, sans les arrières d'une richesse familiale. Je voyais bien que la plupart des gens qui vivent en dessous de ce seuil de pauvreté n'ont pas beaucoup d'options et très peu de ressources personnelles. La grande majorité d'entre eux n'ont pas même les compétences de la pauvreté à « faire avec », qui caractérisaient les classes laborieuses d'autrefois. En deux générations, les comportements et troubles addictifs ont considérablement aggravé les problèmes.

J'ai le plus grand respect pour les gens qui doivent s'occuper d'enfants qui suivent l'école depuis leurs appartements, faire la queue chez Moles ou Bullies[36] pour se nourrir, s'acquitter de toutes sortes de procédures administratives pour joindre les deux bouts, gérer leurs dettes et toutes sortes de dépendances et d'infirmités, et, surtout, tout un éventail d'émotions à mesure que sombrent les certitudes de leur monde.

Je ne peux pas non plus me défendre d'une aversion à l'endroit de ceux qui se sont si bien débrouillés en faisant de bons placements, et ont raflé le meilleur de ce que pouvait offrir le capitalisme mondialisé sans aucun sens de leur responsabilité à l'égard de la société, sinon la fierté de créer de l'emploi grâce à leur consommation et leurs investissements. Et ce dégoût est plus intense encore à l'égard de ceux qui se sont simultanément protégés en pariant contre le système,

---

36. Littéralement « Taupes et Brutes ». L'auteur fait ici un jeu de mots sur le nom des deux principales chaînes de supermarchés en Australie, Coles et Woolworths (surnommé Woolies), un peu comme si on disait en français Le Glaire, pour Leclerc (NDT).

investissant par exemple dans des propriétés rurales quand les taux d'intérêt devenaient négatifs – et pour disposer de refuges au cas où le système partirait vraiment en sucette.

C'est cette défiance qu'éprouvent tant de gens de l'élite à l'égard du système qui révèle à quel point celui-ci est pourri jusqu'au noyau. Certes, le manque de confiance dans le système est partie intégrante de la vision du monde des nouvelles élites fantômes. La différence entre les vieilles élites et nous est que nous avons essayé de vivre et de partager des solutions « en libre accès » à tous ceux qui étaient intéressés, tandis que les vieilles élites continuent de prêcher une foi indéfectible dans la « croissance économique » pour sauver les masses du chaos. Cette corruption provoque déjà la réaction et la colère à mesure que les gens réalisent qu'on leur a vendu des produits frelatés tandis que les accapareurs accumulaient des liquidités destinées à financer des plans pour quitter tranquillement un navire en perdition.

Certes, les valeurs et les groupes d'individus en question ne sont pas uniformément noirs ou blancs. Il y a un certain chevauchement entre ceux qui peuvent choisir leur propre voie et ceux qui, répondant aux carottes et aux bâtons de la société, ont été amplement récompensés. La reconnaissance croissante d'idées dont l'heure est venue, accompagnée parfois d'une plus grande sécurité financière, a pour effet de transformer notre sentiment d'aliénation en cette impression de chaleur que produisent le respect et les récompenses, lesquels engendrent à leur tour des contradictions et des dilemmes éthiques[37]. Avec le temps, j'ai pu voir comment des entrepreneurs et activistes créatifs ont été récupérés par des institutions décadentes qui ont perdu la capacité de se régé-

37. Malgré ses limites et ses inexactitudes, le film de Jeff Gibbs et Michael Moore, *Planet of the Humans*, montre les tensions qui se produisent lorsque les écologistes et les grosses entreprises tentent d'aligner leurs causes dans un effort de plus en plus désespéré à mesure que nous nous cognons aux limites de la croissance.

nérer d'elles-mêmes. Et les privilèges d'identité nationale ou ethnique, couplés à des situations personnelles enviables, continuent à produire des leaders éthiques et créatifs parmi celles et ceux qui appartiennent aux élites établies.

De la même façon, ceux qui suivent une voie de frugalité volontaire et d'influence dissidente sont exposés à des risques aussi grands que ceux qui menacent les authentiques combattants situés aux derniers rangs de l'échelle sociale. Par exemple, être la cible des vieilles élites comme une menace au système peut déboucher sur des sanctions allant du préjugé et de la subtile exclusion jusqu'à des condamnations légales et, à l'extrême, jusqu'à l'incarcération et la torture. Le cas de Julian Assange est un avertissement clair adressé non seulement aux journalistes mais à tous les dissidents qui pourraient représenter une menace pour le pouvoir de l'élite. On a toujours le sentiment que ceux qui formulent et conduisent la culture émergente marchent sur le fil entre les récompenses corruptrices du système et les gouffres de l'échec, du ridicule et même du martyre.

En créant notre propre économie grâce à l'autoproduction domestique et un travail indépendant financé par des clients et des acolytes ou stagiaires tentés par les mêmes choix, Su Dennett et moi avons réduit simultanément notre contribution à ce système par l'impôt (en minimisant nos revenus monétaires) et notre dépendance à l'égard des machines de l'éducation, des infrastructures, de la santé, de la justice, et des autres services généralement accessibles aux citoyens. Nous avons parfaitement conscience du fait que notre statut de citoyens de l'un des pays les plus riches au monde assure à nos expériences d'autonomie une foule de protections et de garanties. Toutefois, je peux dire en toute honnêteté que notre recours à ces services durant toutes ces décennies n'a correspondu qu'à une minuscule fraction de ce qui est la norme pour la classe moyenne australienne. Je suis également convaincu que nos dépendances sont bien moins nombreuses que celles des gens qui sont tout en bas de l'échelle sociale, lesquels dépendent pour le meilleur (ou pour le pire) des services de l'éducation, de la santé, de l'aide sociale, de l'emploi, de l'accès à l'énergie bon marché et à ce que notre économie de marché, soutenue par l'État providence, distribue en guise de prétendue nourriture.

En créant notre propre emploi et en n'occupant donc pas des emplois à plein temps dans l'économie monétaire, nous pensons laisser ces derniers à d'autres personnes qui ont besoin de travailler. En travaillant là où nous vivons, nous n'encombrons pas les routes et les transports publics qu'utilisent les autres. En accouchant à domicile, en vivant sainement et en cultivant un certain scepticisme à l'égard de la médecine conventionnelle, nous sollicitons assez peu les ressources du système de santé dont d'autres ont besoin. En nous efforçant de résoudre directement les conflits, nous allégeons la charge des fonctionnaires municipaux, du système judiciaire et de la police qui peuvent ainsi s'occuper de problèmes plus importants. En disposant d'un plan éprouvé de résistance et de lutte contre les feux de forêt, nous libérons des ressources d'aide pour ceux qui n'ont pas ces compétences. En vivant et entreprenant à partir de nos économies plutôt qu'à travers l'emprunt, nous réduisons nos vulnérabilités, aussi bien personnelles que collectives et systémiques, aux contagions financières. En imprimant nos livres en Australie plutôt qu'en Chine, et en refusant qu'Amazon non seulement contrôle mais participe même le moins du monde à leur diffusion, nous contribuons, à notre modeste mesure, à sevrer le monstre de la mondialisation des entreprises. En partageant notre site, nous augmentons nos économies et nos capacités domestiques pour aider d'autres personnes à opérer des transitions similaires[38].

---

38. Ce court documentaire réalisé par Happen Films sur notre vie à Melliodora donne une idée de la façon dont nous avons investi notre

J'ai résumé cette vie comme le boycott tranquille d'un système insoutenable qui capture la population par ses séductions et ses addictions tout en exploitant de plus en plus intensément les plus démunis, à mesure qu'il saccage la Terre et lègue une montagne de conséquences calamiteuses aux générations futures.

Contrairement à d'autres formes d'activisme révolutionnaire, cette modeste grève de l'emploi, de la consommation et de l'investissement est conçue pour nous permettre de vivre une vie meilleure ici et maintenant et pour fournir un modèle à d'autres personnes qui se sentiraient disposées à faire de même, tout en libérant des ressources pour ceux qui dépendent le plus des systèmes centralisés actuels.

Comme dans toute cellule de recherche et développement, plusieurs de nos projets et de nos investissements n'ont rien rapporté financièrement. Par exemple, nos efforts pour cultiver notre nourriture année après année, minimiser nos déchets et construire une maison solaire passive n'ont pas eu la rentabilité financière escomptée de la protection qu'ils nous auraient fournie contre un enchérissement drastique de la nourriture, de l'évacuation des déchets, et de l'énergie, que je m'attendais à voir se produire en Australie dès les années 1990. Avoir été parmi les premiers adeptes de la toiture photovoltaïque reliée au réseau n'a pas été pour nous aussi rentable que pour ceux qui attendirent la chute des prix des panneaux solaires. Lorsque la fourniture en gaz de l'État de Victoria fut temporairement interrompue en 1998, j'eus un moment de malin plaisir devant la crise des douches à l'eau chaude. À l'époque où les écologistes vantaient encore les mérites du gaz comme une alternative propre à l'électricité des centrales à charbon, j'expliquais gentiment aux visiteurs

---

temps, notre passion et notre modeste capital au cours des trente-cinq dernières années : « Legendary Australian Permaculture Garden Tour – David Holmgren & Su Dennett's Melliodora », Happen Films.

de Melliodora[39] que notre cuisine et notre eau chaude au feu de bois ne produisaient qu'à peine un dixième des émissions de gaz à effet de serre issues du gaz bon marché, mais en voie d'épuisement, du détroit de Bass, et que recourir au gaz pour chauffer l'eau ou l'air revenait à dépouiller nos petits-enfants de carburants de grande qualité, très précieux pour affronter les futurs de frugalité qui les attendaient. En dépit de tout ce battage des optimistes des technologies vertes, ces futurs de rareté sont bel et bien en train de pointer leur nez.

Il n'est donc pas surprenant que la pandémie, qui nous a contraints à annuler nos visites et nos cours de permaculture à Melliodora, n'ait représenté qu'un contretemps assez mineur pour nos activités. Pour nous, les mesures de confinement n'ont pas changé grand-chose au style de vie domestique que nous y menons depuis trois décennies, et elles ont eu autant d'avantages que d'inconvénients. En revanche, même les gens dont les revenus s'élèvent à plusieurs multiples du nôtre se retrouvent à dépendre, directement ou pas, de l'aide sociale, tandis qu'ils se battent pour gérer la scolarité imposée à domicile, et l'état de manque où les plonge le sevrage de leurs multiples habitudes de navette, de consommation et d'interaction sociale au marché. Après des décennies de combat résolu contre ce système de destruction, d'exploitation et de consommation addictive, que j'ai décrit dans « Lettre d'excuses des baby-boomers aux générations qu'ils ont privé de leurs moyens », j'ai du mal à ne pas sourire de la « Seconde Grande Dépression des années 2020 », que j'avais « prédite » de la façon la plus charmante et la plus motivante dans ma petite fiction « Aussie St: A Permaculture Soap Opera in 4 Acts, 1955 to 2025 » (qui se retrouve au chapitre II de *RetroSuburbia*[40]).

---

39. Melliodora est la propriété où nous vivons, et Spring Creek regroupe les terres communales adjacentes ; voir holmgren.com.au

40. David Holmgren, *RetroSuburbia: The Downshifter's Guide to a Resilient Future*, Hepburn (Australie) : Melliodora, 2018.

En dépit des conséquences mondiales de la pandémie, il est difficile d'imaginer une interruption plus bénigne de la dévastatrice pyramide de Ponzi qu'on appelle l'économie mondialisée.

Presque tous les autres scénarios que nous avions imaginés et contre lesquels nous nous étions préparés au cours des dernières décennies, de l'incendie ravageur local jusqu'à l'effondrement de la finance mondiale, sans parler de la guerre nucléaire, impliquent beaucoup plus de dégâts collatéraux, et beaucoup moins d'enseignements profitables que cette pandémie et la nécessaire suspension de l'économie non essentielle qu'elle a provoquée[41].

La nature mondiale de la pandémie, qui a touché le plus gravement les villes hyperconnectées des pays riches, et tout particulièrement les centres de l'empire anglo-américain, a fait que ceux qui ne sont d'ordinaire pas concernés par les catastrophes naturelles ou artificielles (qui se produisent surtout dans les pays pauvres) sont cette fois directement affectés et par conséquent mobilisés. Le fait que beaucoup de pays pauvres aient réagi bien mieux que beaucoup de pays riches a érodé l'hubris du monde prétenduent développé quant à sa prétendue supériorité. Le confinement a révélé la pauvreté des foyers domestiques individuels et standard promus par l'économie mondiale, au regard des maisonnées partagées ou de familles étendues qui étaient la norme pour nos ancêtres. Ce même confinement a poussé un grand nombre de personnes à entamer une réadaptation de leurs propres économies domestiques. Beaucoup ont saisi

---

41. Ces derniers temps, je m'en suis un peu voulu de n'avoir pas beaucoup abordé les risques et les dynamiques des pandémies dans mes écrits sur les scénarios futurs, ni même beaucoup étudié leurs complexités, ce qui nous aurait peut-être permis d'être encore mieux préparés à tirer parti de la crise. Cela étant dit, le bon niveau de notre démarche de réflexion « des motifs aux détails », dans le cadre bien défini par les principes éthiques de la permaculture, nous a donné toutes sortes de longueurs d'avance dans le contexte de cette crise.

l'occasion de renforcer rapidement leurs foyers de parents, d'amis et de visiteurs, pour ne serait-ce que goûter aux réels pouvoir et résilience des économies non monétaires propres aux maisonnées partagées[42].

De façon très frappante, l'obstination zombie à perpétuer un système de domiciles sous-utilisés et de bureaux inutiles, en dépit des technologies de communication actuelles, a été suspendue. Ce n'a pas été tout rose, mais cette suspension a ouvert une vision alternative pour nos habitats humains qui ne repose pas sur le délirant culte du cargo du secteur des infrastructures et du bâtiment qui a dominé le discours public sur le développement urbain depuis près d'un demi-siècle.

Alors que nous avons, avec d'autres collègues du milieu de la permaculture ou de mouvements voisins, combiné l'exemple et l'enseignement des nombreuses façons de vivre mieux avec moins, c'est resté longtemps une option pour laquelle, jusqu'à la pandémie, les gens manifestaient assez peu d'intérêt ou d'inclination. L'explosion actuelle d'intérêt pour l'autonomie domestique, comme plusieurs vagues au cours des dernières décennies, est contraire à la foi et l'investissement dans les valeurs et les perspectives économiques dominantes. Mais l'intensité de cette récession a été vécue comme une gifle par beaucoup de gens qui ronronnaient dans le cocon confortable du capitalisme consumériste.

Au cours des dernières décennies, les élites du système actuel (soit par conspiration machiavélique soit par suite de l'auto-organisation complexe de leurs objectifs) ont fait en sorte que ces solutions soient perçues par la majorité comme relevant d'un puritanisme de la pénitence et du cilice – voire d'un délire hippie propre à nous ramener tous à l'âge des

42. Un mot a même été forgé pour désigner ces maisonnées partagées : *quaranteam* (NDT : la quarantaine en équipe, ou le confinement collaboratif).

cavernes. L'intelligence systémique de l'économie actuelle flaire dans ces économies non monétaires domestiques ou communautaires une menace existentielle à la puissance des entreprises et des gouvernements centraux.

Cependant, il me semble que cette fois, la propagande aura un peu plus de mal à effacer la bonne nouvelle que des gens ont déjà commencé à mettre en œuvre des économies non monétaires domestiques et collectives. Plus nous sommes nombreux à rester chez nous, à démarrer des jardins, à accueillir des pensionnaires et à nouer des relations de voisinage, plus nous avons de chance de mettre à profit la crise issue de la pandémie pour construire une nouvelle économie à l'ombre de l'ancienne[43]. Nous pouvons le faire en profitant au maximum de la chance historique unique que nous avons de pouvoir nous inspirer, apprendre et échanger avec des gens qui sont plus avancés dans des réseaux locaux ou mondiaux. L'internet représente peut-être le projet ultime de la civilisation industrielle mondialisée qui survivra ou non à la longue transition de descente énergétique vers des économies et des cultures agrariennes relocalisées, mais en attendant, et tant qu'il survit, nous pouvons l'utiliser pour construire une nouvelle société. Ce faisant, nous donnerions le meilleur exemple d'un parasitisme du système mondial qui ne parasiterait pas les personnes.

Certes, l'internet et les technologies de communication sont un maelström numérique qui menace constamment de nous aspirer dans la matrice d'une existence virtuelle, dans des serveurs du cloud, qui dépendent de mots de passe et qui nous inondent de pollution électromagnétique. Savoir comment nous pouvons utiliser la puissance de la technologie

43. Voir « Flattening the Curve (of Growth Economics) », un exposé légèrement pince-sans-rire de Patrick Jones qui montre brillamment les raisons pour lesquelles ce que nous faisons chez nous est essentiel pour construire la nouvelle économie à l'ombre de l'ancienne, disponible sur la chaîne YouTube Artist as Family.

pour soutenir ce que nous faisons en connexion immédiate avec les gens et la nature est sans doute le plus grand défi pour ceux d'entre nous qui sont du bon côté de la barrière numérique. Ceux qui sont de l'autre côté sont tout de même victimes des sténoses de l'existence virtuelle mais sans le sentiment d'efficacité que tant d'entre nous ressentons en étant connectés à nos réseaux de partage.

L'une de nos tâches en construisant des foyers et des communautés plus solides est de reconnaître que certains d'entre nous avons la tête dans les nuages avec de longues antennes perchées dans le monde virtuel, tandis que d'autres ont les pieds sur terre et se contentent de relations moins nombreuses mais plus réelles avec les autres. Les hyper-connectés peuvent informer ceux qui sont sur le sol, tandis que les membres enracinés de nos maisonnées sont les ancres qui nous empêchent de flotter ou d'être balayés par les vents traîtres et changeants du monde virtuel. Comme les autres relations dans tout écosystème domestique et collectif robuste et résilient, cette complémentarité ambivalente entre les connectés et les enracinés peut offrir une solution au clivage numérique en l'internalisant dans nos maisonnées et nos communautés. Dans une maisonnée rétro-suburbaine élargie, ce dispositif peut se traduire par un adulte travaillant dans l'économie monétaire et joignable en ligne, un autre travaillant à temps partiel depuis son bureau à domicile et le reste du temps aux tâches du jardin et de la cuisine, tandis qu'un troisième développerait un artisanat sur place, avec une activité en ligne limitée, et qu'un quatrième s'occuperait plus particulièrement des enfants et des animaux avec peu voire pas d'existence virtuelle. Les enfants de la maisonnée pourraient être protégés de la réalité virtuelle jusqu'à ce que leur identité soit parfaitement formée (vers l'âge de 10 ans environ). De cette façon, les technologies de l'information pourraient être nos servantes plutôt que nos maîtresses lorsque nous naviguerons dans le monde d'après la pandémie.

Tandis que nous construirons notre résilience rétro-suburbaine pour affronter les crises à répétition du futur Brown Tech (défini par un développement rapide du changement climatique et un déclin plutôt lent de l'énergie nette disponible), les restrictions de la vie dans le système seront de plus en plus pénibles, et seront supportées bien plus par crainte des risques existant hors du système qu'en raison des bénéfices offerts par ce dernier. Vivre en dehors de ce système contrôlé par le gouvernement et les corporations sera difficile mais motivant, car nous devrons compter de plus en plus sur nos ressources personnelles et collectives à mesure que l'accès aux bénéfices du système se réduira. Par exemple, sans porter aucun jugement sur les mérites des politiques en question, l'accès à l'éducation scolaire dépendra de l'observation stricte des mesures de vaccination, tandis que l'accès à Moles et Bullies (et à leurs rations de nourriture) pourrait être conditionné à l'installation d'une identité personnelle et d'applications de traçage sur les téléphones portables. Pour ceux qui s'y refuseront, cultiver leur propre nourriture, glaner, et s'alimenter dans les économies parallèles des marchés ou des coopératives de producteurs seront les seules options.

Dans quelques décennies, sinon plus tôt, être dans le système deviendra intolérable à suffisamment de gens pour qu'il s'effondre par défaut de souscription et d'obédience. La plus grande aubaine dans le monde méditerranéen antique était d'être citoyen libre de Rome, mais avec le temps, le fardeau des taxes prélevées pour soutenir un empire obèse transforma cette aubaine en malédiction. De fait, quand l'Empire finit par s'effondrer, la vie des ex-citoyens romains s'améliora, même si beaucoup des grands projets et des grandes réussites culturelles de la civilisation romaine furent progressivement abandonnés.

Peut-être l'humanité saura-t-elle mieux gérer, cette fois-ci, la défaillance progressive de la civilisation industrielle mondiale. Il est très ironique de penser que le destin de notre héritage culturel sera beaucoup plus entre les mains des maisonnées et des communautés que dans celles des grandes institutions et des États-nations. Il est temps de relever nos manches et de nous mettre au boulot. Alors seulement, peut-être, la justice sociale et l'harmonie écologique cesseront-elles de n'être que vains espoirs et velléités.

4. Le problème est la solution, mais les solutions peuvent aussi dégénérer en (bons vieux) problèmes

Lorsque Bill Mollison commença à promouvoir la permaculture auprès des gens qui faisaient du maraîchage, il disait souvent, sur un ton malicieux, « vous n'avez pas trop de limaces… mais trop peu de canards ». La tendance de Mollison à renverser le point de vue sur un problème connu, et à voir comment il pourrait constituer une ressource insoupçonnée, relève de la pensée écologique : identifier des niches inoccupées qui pourraient être remplies pour rendre un (éco) système, horticole ou autre, plus résilient et plus productif.

Très souvent, le problème auquel nous croyons être confrontés peut s'interpréter comme un message de la nature – son premier pas lorsqu'elle entreprend de corriger des déséquilibres[44].

On peut aussi voir l'inventivité de Mollison à changer les problèmes en solutions comme une expression du principe qui consiste à concevoir en allant « des motifs vers les détails[45] », c'est-à dire à prendre du recul sur n'importe quelle question pour la considérer dans son contexte plus large. Cependant, cette façon de dézoomer pour gagner un point de vue plus englobant (dans le temps aussi bien que dans l'espace) peut aussi, parfois, nous montrer que les stratégies et techniques chéries que nous avons appliquées avec enthousiasme risquent de s'avérer contre-productives lorsque le contexte change.

Pire encore, nous pouvons nous retrouver à réinventer de vieux problèmes sous de nouvelles formes, lorsque la solution se métamorphose elle-même en problème. Cette conscience plus austère des limites énergétiques, écologiques et éthiques à la croissance a été l'un de mes thèmes permanents dans

---

44. Même si parler ainsi de la nature fait froncer les sourcils de la plupart des scientifiques qui mettent en doute qu'il y ait le moindre signe d'auto-organisation descendante, et *a fortiori* d'intelligence, dans la nature.

45. Voir l'explication des principes de la permaculture sur : permacultureprinciples.com

l'enseignement, la conception et la pratique de la permaculture. Il est nécessaire de corriger l'inventivité du « je peux y arriver » qui, lorsqu'elle n'est pas contrôlée par la réflexion et les retours d'expérience, peut rapidement dérailler. Une bonne partie du scepticisme et des critiques à l'égard de la permaculture comme mode écolo naïve et non scientifique peut être attribuée à ce défaut de retour (négatif) d'expérience pour se corriger. Le débat, qui n'avait que trop tardé, au sein des cercles de permaculture, sur les limites d'un certain nombre de stratégies et de techniques permaculturelles largement promues, révèle comment une certaine maturation au sein du mouvement permet de trouver cet équilibre[46].

Echium

Pour clarifier ce débat, examinons un peu un exemple classique de cas où le problème pourrait littéralement être la solution. Les mauvaises herbes qui dérangent les fermiers et les jardiniers peuvent être exactement ce dont le sol a besoin pour accumuler certains minéraux rares, pomper une fertilité excessive avant qu'elle ne se lixivie dans le sol, ou stabiliser une dégradation de la terre par suite de mauvaise gestion. Dans les années 1980, on demanda aux écologistes du CSIRO de trouver un moyen biologique de contenir l'*Echium plantagineum* – la « malédiction de Paterson », ou au contraire la « Jane salvatrice », selon les points de vue. Ce contrôle biologique ne parvint pas à éliminer cette espèce pionnière commune des pâtures du sud-est de l'Australie, comme l'espérait l'industrie de l'élevage. Cette dernière considère l'*Echium* comme une dangereuse invasive, alors même qu'il est une source très importante de nectar pour l'industrie apicole. Mais surtout, la diffusion rapide de cette espèce sur les collines qu'elle teintait en violet était comme une pancarte géante avertissant du dan-

46. Voir par exemple Rafter Sass Ferguson, « Permaculture's Dogma Problem » sur liberationecology.org

ger d'acidification de terres dominées par des herbes et trèfles annuels et données en pâture permanente à des troupeaux de moutons d'élevage. Cette acidification touche des millions d'hectares, et représente donc une forme de dégradation des terres beaucoup plus répandue que la salinisation.

Laisser paître de grands troupeaux de moutons sur des terrains de collines et de vallées conduit à dénuder entièrement le sol en automne, ce qui est parfait pour que l'*Echium* se répande. L'*Echium* (et d'autres invasives du même genre, comme les chardons) est la meilleure arme de la nature pour tenter d'absorber l'azote soluble (et le calcium) avant qu'il ne soit lixivié. C'est cette lixiviation des nutriments du sol pendant des décennies qui est la cause de l'acidification. Le remède traditionnel à ce problème, qui consiste à répandre des tonnes de chaux agricole à l'hectare, n'est pas économique dans les régions de collines pâturées. La faible sapidité de l'*Echium* adulte lui a permis d'abriter la repousse des herbes, et, en cas de rotation des pâtures, même certaines herbes indigènes disparues reviennent.

Dans ce cas, le prétendu problème était en fait la solution. La reconnaissance de la valeur des invasives par les pionniers de l'agriculture biologique est antérieure aux origines de la permaculture[47], mais c'est grâce à l'enseignement de la permaculture que des attitudes invétérées d'hostilité contre les animaux et les plantes nuisibles ont été remises en question. Depuis des décennies, en recommandant d'observer et d'interagir avec la nature, de la laisser suivre ses voies, de répondre de façon créative au changement, et en se débrouillant pour obtenir un rendement là où d'autres ne voient que des déchets, la pensée permaculturelle a permis à des maisonnées, des fermiers et des concepteurs de considérer les problèmes comme leur propre solution, ou

47. Voir par exemple Frederic Charles King, *The Weed Problem: A New Approach*, Londres : Faber, 1951.

en tout cas comme les pistes de solutions possibles. Cette réponse stimulante aux défis est même devenue l'un des crédos caractéristiques de la conception, de l'enseignement et de l'activisme en permaculture partout dans le monde.

Cela étant, même si voir le monde au prisme de la permaculture peut parfois me donner une idée exagérée de son influence, il m'arrive de ressentir l'exact opposé.

Chevron

En 2009, je suis tombé sur un cas intéressant de cooptation de la permaculture par le monde de l'entreprise. Comme les prix du pétrole étaient montés en flèche après le tournant du millénaire, les grandes compagnies pétrolières, qui rivalisaient d'efforts pour ouvrir de nouveaux champs d'exploitation de plus en plus coûteux et de plus en plus complexes sur le plan technique, reprofilèrent leurs stratégies et leurs services de communication pour projeter de nouvelles images d'elles-mêmes. Un article de couverture consacré à Mollison fut publié dans *Good Weekend*[48] assorti des annonces publicitaires habituelles, la plupart pour des produits de consommation haut de gamme. Mais juste en regard de l'article figurait une publicité pleine page de Chevron qui ciblait le « problème » d'une population mondiale à 7,5 milliards. Elle déclarait que « le problème est la solution » (car réglé par l'augmentation mathématique de la créativité humaine à tout résoudre) et que Chevron était à l'avant-garde en tant qu'entreprise de ressources humaines[49]. Je doute que les cadres de l'entreprise eussent jamais entendu parler de Mollison ou de la permaculture, mais il paraissait clair que les concepteurs de leur agence de pub cooptaient nos idées.

---

48. *Good Weekend Magazine*, juillet 2009.

49. Même si l'industrie du pétrole emploie sans doute moins d'humains par milliards de dollars investis, ou par ressources extraites, que n'importe quelle autre industrie.

La publicité Chevron dans *Good Weekend* (juillet 2009).

En dépit de toutes les intéressantes occasions et initiatives qui pourraient germer (et il peut en effet s'en présenter tout un éventail pourvu que l'on se débarrasse des œillères du consumérisme fondé sur l'endettement), la réalité est que l'humanité est confrontée à des impasses pour lesquelles il n'existe pas de « solutions », mais seulement des stratégies d'adaptation capables de réduire la gravité de leurs conséquences. Si des solutions de transformation existent, je crois qu'elles sont à chercher dans le domaine intérieur de nos cœurs et de nos esprits plutôt que dans la quête d'innovations en matière de complexité matérielle et énergétique. La recherche de solutions qui permettraient de poursuivre la croissance est condamnée d'avance. Alors même que nous croyons toujours que nous allons nous en sortir grâce à je ne sais quelle nouvelle trouvaille technologique, le problème est que l'humanité souffre déjà du trop grand succès de ses efforts à contrôler les gens et la nature.

Paradoxe de Jevons

Ma vision du futur est plus perplexe que celle de Mollison. L'une des raisons de cette perplexité est que je me suis rendu compte assez tôt du fait que leurs dysfonctionnements peuvent conduire les systèmes à s'effondrer alors même qu'existent des alternatives d'adaptation en douceur, sinon de salut. Par exemple, des gains en efficacité peuvent, même si c'est contre-intuitif, conduire à une augmentation, et non à une diminution, de la consommation des ressources. L'économiste anglais Jevons fut le premier à identifier le paradoxe qui porte son nom, à l'occasion de ses travaux sur « la question du charbon », en constatant que le doublement de l'efficacité des machines à vapeur au début du 19e siècle avait multiplié (et non divisé) par deux la consommation de charbon, tout simplement parce que les machines à vapeur ainsi améliorées furent utilisées à toutes sortes de nouvelles tâches qui stimulèrent une croissance économique rapide.

Ma découverte de ce phénomène d'une solution qui se retourne en problème remonte au début des années 1980. L'un de mes collègues venait de construire une maison solaire passive très efficace pour sa sœur, laquelle avait dépensé les économies ainsi réalisées sur ses grosses factures d'électricité et de gaz pour passer des vacances à Bali, lesquelles impliquaient une consommation de ressources au moins égale, voire supérieure. Ce collègue avait remarqué la même chose en réparant généreusement les voitures de mères célibataires ou d'autres amis dans le besoin : les moteurs bien réglés et les pneus bien gonflés conduisaient invariablement à une augmentation des kilomètres parcourus. Des années plus tard, nous apprîmes que c'étaient là des illustrations ordinaires du paradoxe de Jevons où des boucles de rétroaction positive amplifient une action ou un comportement particulier.

Arbres fourragers

C'est au milieu des années 1980 que je me rendis compte que certaines des solutions biologiques les plus emblématiques et prometteuses de la permaculture pouvaient être adoptées par le capitalisme mondialisé dominant et détournées pour reproduire les dysfonctionnements mêmes que ces solutions étaient censées surmonter.

La capacité et le potentiel des arbres à fournir des ressources et des services environnementaux étaient au cœur de la vision d'origine d'une agriculture permanente caractérisée par les arbres (et les plantes vivaces en général) plutôt que par les cultures d'annuelles. Même si la botanique économique des fruitiers et des arbres à noix inhabituels en était l'exemple le plus évident, les fourrages arbustifs faisaient tout autant partie du projet permaculturel. En dehors des arbres à croissance lente comme les chênes et les caroubiers qui fournissent des apports nutritifs concentrés pour équilibrer la pâture sèche dans les climats méditerranéens, nous savions que les feuilles de certaines espèces d'arbres et arbustes rustiques à pousse rapide pouvaient fournir des bottes vivantes de fourrage vert pour compléter les pâturages secs en été. Confiner les animaux sur des pâturages intensifs de fourrages arbustifs situés sur des sommets de collines bien drainés pourrait réduire les dégâts infligés aux terres humides en hiver.

Au sud de l'Australie, les saules et les luzernes arborescentes étaient les plus prometteuses, tandis que dans les zones arides et semi-arides, une grande variété d'*Atriplex* et d'acacias pourraient nourrir plus d'animaux de façon plus durable que les prairies. Dans les tropiques, la leucaena à pousse rapide était l'une des nombreuses espèces qui démontrent que les arbustes peuvent compléter les prairies pour un habitat et une alimentation animale plus équilibrés. Aujourd'hui, les systèmes de sylvopastoralisme sont considérés comme l'une des formes d'utilisation des sols les plus indiquées pour régénérer la terre et séquestrer le carbone à une échelle significative[50].

Dans les années 1980, des études démontrant que les fougères arborescentes produisaient deux fois plus de matière sèche comestible par hectare que nos meilleurs pâturages de ray-grass ou de trèfle confirmèrent que certaines de nos idées en permaculture ne relevaient pas juste du délire hippie. Étant donné mon intérêt croissant pour l'agroforesterie et l'arboriculture, la preuve que les arbres et arbustes fourragers pourraient représenter un gain de productivité potentiel aussi important que la révolution des trèfles souterrains et des superphosphates au lendemain de la guerre – tout en étant plus durables, avec quantité d'avantages écologiques – était pour le moins excitante.

La nouvelle qu'on avait semé 60 000 hectares de prairies en fougères arborescentes sur les terres littorales sableuses de l'Australie Occidentale promettait le double bonus de systèmes pastoraux à la fois productifs et durables. Peu après, cependant, j'appris qu'il y avait des projets de réduire cette manne de fougères arborescentes en granulés et de les exporter au Japon pour augmenter encore la graisse intramusculaire des bœufs d'élevage wagyu déjà suralimentés.

Je ne crois pas que ces projets d'exportation de fougères arborescentes en granulés aient abouti, mais ils montraient

50. Voir les tableaux du projet Drawdown sur le potentiel de la sylvopasture pour la séquestration du carbone : www.drawdown.org/solutions/silvopasture

clairement comment le capitalisme mondialisé peut récupérer nos solutions écologiques « sacrées » et les transformer en obscénités de consommation gloutonne. Dans les années 1980, la plupart des solutions permaculturelles sensées et durables échouaient au test du « taux de rendement actualisé[51] » et des autres métriques de comptables et de banquiers qui consignaient la pertinence du bon sens, à la rigueur, aux projets de développement pour le tiers-monde. Étant donné l'abondance apparente des carburants et minerais fossiles, et des stocks de capital biologique vierge que l'on pouvait encore piller, toute productivité biologique assez profitable pour être remarquée était apparemment destinée à être transformée en nouveau problème.

Au tournant du millénaire, les cultures fourragères à base de fougères arborescentes ou d'autres arbustes ne représentaient encore qu'une petite part des surfaces pâturées en Australie-Occidentale, et étaient la plupart du temps liées à des plantations subventionnées par le service de Protection des sols (Landcare) pour lutter contre la dégradation des terres. Ted Lefroy, un écologue des systèmes et spécialiste renommé de l'agriculture en couloirs (*alley farming*), qui travaillait avec beaucoup de fermiers de la Wheat Sheep Belt[52], me raconta en 1999 que le point d'achoppement de leur adoption était que les banques refusaient de les financer. Ces dernières préféraient le rendement annuel (les bonnes années) des céréales cultivées de clôture à clôture. Vingt ans plus tard, ces monocultures se sont déplacées plus au sud pour suivre les pluies déclinantes et s'étendre sur les terres

---

51. Il s'agit d'une méthode de calcul où des profits par ailleurs importants pour le futur sont dépréciés par le taux d'intérêt monétaire du marché pour les emprunts. Étant donné que la plupart des systèmes permaculturels impliquent des investissements élevés au départ (par exemple pour planter des arbres), et un plus long retour sur investissement, les taux d'intérêt élevés des années 1980 « prouvaient » que la permaculture n'était pas économique.

52. Les terres agricoles les plus productives de l'Australie. (NDT)

de pâturage traditionnelles de la région du Grand Sud. Du coup, la plupart des parcelles restantes de fougères arborescentes ou d'autres fourrages arbustifs ont été labourées par la poursuite implacable du profit.

Plantation de forêts

Bien que la révolution néolibérale de ces décennies ait accéléré l'émergence de nouveaux problèmes, ces problèmes faisaient déjà clairement partie d'un schéma bien installé depuis longtemps.

Par exemple, les effets négatifs des grandes monocultures de pins et d'eucalyptus pratiquées par le gouvernement et par de grosses entreprises pour l'industrie du bois ont discrédité quelques-unes des meilleures essences d'arbres à bois d'œuvre. Je me suis insurgé contre la diabolisation très répandue de ces arbres en faisant remarquer que le problème était la monoculture de l'esprit de l'industrie forestière et de ses cadres, et sûrement pas les espèces en question[53]. Plus récemment, c'est l'un des palmiers à huile les plus rustiques et les plus productifs qui en est venu à faire figure de fléau. Des écosystèmes entiers de forêt pluviale, de savane, et même de marais sont défrichés et brûlés pour produire de l'huile de palme bon marché afin que des Occidentaux obèses mangent davantage de fritures ou, pire encore, fassent tourner leurs voitures grâce aux subventions « vertes » de l'Union européenne. Jeff Nugent, un pionnier de la permaculture en Australie-Occidentale, a employé une bonne partie de son temps et de son énergie à cultiver, étudier, enseigner et écrire sur les palmiers, mais la croissance mondiale des monocultures de palmiers à huile est loin de faire une bonne publicité aux palmiers, pas plus que les

53. Au sujet de la monoculture forestière et ses cadres mentaux, voir Vandana Shiva, *Monocultures de l'esprit*, traduction de l'anglais par Marin Schaffner, Marseille : Wildproject, 2022. (NDT)

plantations de gommiers bleus et de pins radiata n'en font à ces pauvres espèces.

Une partie de mon enseignement sur ces monocultures à rotation rapide a poussé les concepteurs et intendants de terres en permaculture à considérer ce problème comme une nouvelle opportunité de produire une abondance durable en diversifiant et en étendant le temps de rotation de plantations mal gérées que leurs propriétaires ne considéraient plus comme rentables ou opportunes. En effectuant des coupes d'éclaircie pour augmenter la taille et la durée de vie des arbres, en faisant des semis et des plantations étagées sous le couvert, et en développant des transformations à valeur ajoutée, je voyais autant de moyens de changer ces prétendus déserts monoculturels en nouveaux écosystèmes forestiers, riches et divers, qui pourraient fournir toutes sortes de denrées et de ressources aux chaînes d'approvisionnement locales plutôt que mondiales.

Les méthodes impitoyables de la sylviculture industrielle sur les terres de pâture avaient fait le gros du travail de sape des écosystèmes de prairie. En plantant massivement des espèces dotées à pousse rapide douées d'une « vigueur exotique » certifiée, la sylviculture industrielle fut la phase pionnière. Certes, elle aurait été bien meilleure si ces plantations avaient été plus diverses, si elles n'avaient pas été récoltées en rotations si courtes, et si elles avaient été judicieusement distribuées dans le paysage pour améliorer les pâtures d'élevage, et s'harmoniser avec elles, plutôt que les remplacer. C'est là ce que les visionnaires de l'agroforesterie, de la permaculture et d'autres mouvements se sont employés à faire à petite échelle. Leurs exemples fournissent autant de modèles de la façon dont nous pourrions régénérer de vastes étendues de monocultures forestières plutôt que d'en revenir à un panorama de prairies à perte de vue, broutées par vaches et moutons, ou, au contraire, nous projeter dans la chimère d'une restauration indigène à grande échelle.

De la même façon que mes travaux et mes écrits sur la RétroSuburbia[54] ne sont certainement pas un plaidoyer en faveur de plus d'étalement suburbain[55], l'œil de l'écologue forestier qui me fait voir un grand potentiel dans les plantations d'arbres à pulpe à deux ou trois rotations n'est pas un appel à en créer davantage.

Malgré le constat déprimant que le capitalisme industriel s'ingénie à transformer l'abondance biologique en déchet et en désastre écologique, nous pouvons, en travaillant avec la nature, régénérer les territoires et les systèmes saccagés par ce capitalisme industriel pour instaurer de nouveaux cercles vertueux. C'est là une solution bien meilleure que d'espérer qu'une régulation adéquate viendra améliorer ou renverser les cercles vicieux de l'exploitation et de l'iniquité.

Aquaculture

Un autre aspect de la vision permaculturelle était l'idée que l'aquaculture (des systèmes aquatiques gérés pour produire de la nourriture) est fondamentalement plus efficace que la plupart des systèmes terrestres pour produire des protéines animales[56]. En Asie orientale, l'aquaculture était plus importante que l'élevage pour nourir des populations humaines. Cette source très dense de protéines adéquates fut exploitée pendant des siècles avant que les engrais artificiels azotés produits grâce aux énergies fossiles n'augmentent la production mondiale de protéines, et par conséquent la biomasse de l'humanité.

Tandis que ma propre trajectoire en permaculture s'est davantage concentrée sur les arbres, Bill Mollison fut toujours très passionné et très renseigné sur les systèmes aqua-

54. Sur la réadaptation des banlieues.

55. Voir mon article « The Melbourne Model » sur retrosuburbia.com

56. Une partie de cette efficacité vient de ce que les corps des poissons et des autres organismes aquatiques sont supportés par la flottabilité de l'eau.

tiques, depuis les mares jusqu'aux pêcheries océaniques. Comme sur les sols terrestres, la polyculture nous paraissait nécessaire pour tirer parti de la lumière solaire et des nutriments en aquaculture. Plus décisive encore était notre focalisation sur les organismes situés en bas de la chaîne trophique, tels que les silures ou les écrevisses – c'est-à-dire ceux qui se nourrissent de plantes ou de débris organiques – et non pas juste sur le rang élevé des poissons prédateurs tels que la truite, le saumon et le barramundi.

Depuis les années 1970, la croissance de l'aquaculture dans le monde a été considérable, et a été pilotée par plusieurs forces : l'extension de la culture culinaire asiatique, le déclin de la pêche sauvage (depuis les rivières et les lacs jusqu'aux zones littorales et de haute mer) et l'efficacité biologique inhérente aux systèmes aquatiques pour la production de protéines. Cependant, plutôt que de se mettre à l'école des systèmes traditionnels ou des premières expériences de polyculture aquatique[57], le capitalisme industriel s'est engouffré dans des monocultures d'espèces prédatrices situées tout en haut de la chaîne alimentaire, avec pour résultat que les mêmes dépendances et gâchis qui caractérisent l'agriculture industrielle furent répliqués dans l'abâtardissement de la vision aquaculturelle.

Le pire de tout, sans doute, c'est que la production de l'aquaculture industrielle n'a pas servi à fournir des protéines adaptées et bon marché aux populations fourmillantes des pays en développement, mais à continuer d'approvisionner les consommateurs riches et déjà suralimentés de la planète en toutes sortes d'espèces situées en haut de chaîne et que les zones de pêche sauvages traditionnelles ne pouvaient plus fournir. Et comme si cela ne suffisait pas, l'accaparement des protéines terrestres et océaniques nécessaires pour nourrir

57. Voir par exemple The New Alchemy Institute et Ocean Arks International.

ces espèces s'est fait au détriment de la sécurité alimentaire des pauvres du monde entier. À l'extrême, nourrir des saumons captifs avec un mélange de légumineuses cultivées sur les sols déclinants et délabrés du monde et de sardines ou autres espèces ratissées dans les pêcheries océaniques n'est rien d'autre que la version aquatique de ce fléau emblématique de l'agriculture industrielle : les parcs d'engraissement de bovins.

Énergie renouvelable

L'énergie renouvelable est l'une des autres grandes visions portées par la première vague du mouvement écologiste moderne dans les années 1970. Ces visionnaires ne voyaient pas seulement la nature renouvelable de l'énergie fournie par l'eau, le vent, le soleil et la biomasse, mais aussi le fait que ces sources d'énergie étaient largement dispersées dans les paysages et les biorégions. Cela laissait espérer des systèmes énergétiques bien répartis, qui favoriseraient à leur tour une meilleure répartition du développement économique, et par conséquent du pouvoir politique. Nous pensions tous qu'ainsi la concentration des populations, des richesses et du pouvoir dans de grosses villes soutenues par des mines et des puits d'énergie fossile souterraine, serait progressivement remplacée par des économies régionales florissantes, adaptées à leurs mélanges particuliers d'énergies renouvelables locales. Ceux qui reconnaissent que les trajectoires de la descente énergétique, sinon de l'effondrement, sont les futurs les plus probables auxquels l'humanité doit se préparer comprennent que ces futurs impliqueront inévitablement la dispersion plutôt que la concentration, même si elle ne s'avère pas aussi utopique que nous l'espérions.

Origines de l'énergie éolienne

Au-délà du déjà centenaire de l'énergie hydroélectrique, l'éolien fut la première énergie renouvelable moderne à promettre un futur post-combustibles fossiles. L'industrie moderne de la turbine éolienne commença au Danemark, où furent ainsi jetées les bases de l'une des grandes industries du 21e siècle. Dans les années 1970, des communautés intentionnelles engagées dans l'énergie renouvelable et autonome s'associèrent à des ingénieurs locaux en génie rural pour construire certaines des plus grandes turbines énergétiques au monde. Lorsque nous visitâmes le Danemark en 1994, quelques-unes de ces turbines ne fonctionnaient plus, même si l'on nous assura que l'une d'entre elles, dans la communauté de Tvind (construite par des équipes paritaires hommes-femmes en psalmodiant des slogans du *Petit Livre rouge* de Mao,) était toujours en fonction. Ces exemples pionniers radicaux débouchèrent sur la formation de coopératives communautaires destinées à fournir une énergie locale. Mais dans un petit pays comme le Danemark, le gouvernement et les grosses entreprises ne tardèrent pas à prendre les commandes d'une industrie qui devint rapidement la plus grosse source de revenus à l'exportation du pays. Bien sûr, dans un monde de capitalisme mondialisé, le taux de retour énergétique réel de l'éolien poussa les avancées technologiques et les sauts d'échelles jusqu'au point où de grosses entreprises allemandes, puis chinoises, devinrent les acteurs dominants du secteur.

En laissant de côté le débat très technique sur la question de savoir si les économies (et les écologies) d'échelle en matière de production d'énergie éolienne sont à la portée des seules multinationales, il est clair que l'éolien se prête parfaitement à des modèles de propriété répartis à l'échelle biorégionale, voire de la ferme individuelle (même si les turbines sont intégrées à des réseaux nationaux plus vastes). Cependant, en dehors de ses origines au Danemark, et de quelques exemples marginaux inspirés par le modèle danois, comme notre propre Hepburn Wind[58], la propriété de l'énergie éolienne est aujourd'hui concentrée dans les mains d'entreprises en croissance rapide qui, si les tendances se poursuivent, se consolideront progressivement par fusions et acquisitions.

Là encore, la vision du pouvoir rendu au peuple s'est soldée en pouvoir aux grosses entreprises. La solution s'est renversée en problème.

La révolution de l'énergie solaire

Le caractère encore plus complexe de la fabrication des panneaux photovoltaïques fait que les origines de l'industrie n'ont pas été aussi populaires mais plutôt le résultat de recherches menées dans des laboratoires financés par les fonds publics et d'une production centralisée dans de grandes usines chinoises aseptisées. Cependant, la nature modulaire de cette technologie la rend parfaitement adaptée à son installation en toiture à toutes les échelles. Je crois que l'adoption extraordinaire des panneaux solaires sur les toits en Australie, qui avantageaient les petites entreprises et les propriétaires de maisons individuelles, a pris les décideurs par surprise et déclenché un modèle de développement économique en décalage avec les tendances invétérées du capitalisme mondialisé vers la concentration du pouvoir.

Je pense que l'échelle et le contexte où l'énergie photovoltaïque présente les meilleurs avantages économiques et sociaux au moindre coût écologique sont les systèmes d'échelle domestique et les microréseaux dans le Monde majoritaire, où les infrastructures de distribution électrique sont absentes ou peu fiables pour la plupart des ruraux[59].

---

58. Fondé en 2005, Hepburn Energy est le premier parc éolien coopératif et communautaire de l'Australie, voir https://www.hepburnwind.com.au (NDT).

59. Par exemple Mobisol qui fournit des systèmes à la demande à

Mais au lieu d'être mobilisés par des programmes visant à fournir un peu d'énergie à ceux qui n'en ont aucune, la plupart des panneaux photovoltaïques sont aujourd'hui déployés à toute allure dans de vastes fermes solaires censées permettre à la classe moyenne mondiale d'éviter la moindre réduction de sa consommation et de son confort, et de continuer à payer des broutilles à ses esclaves énergétiques inanimés[60] en s'imaginant que cette forme d'asservissement est anodine.

Ainsi la perspective visionnaire d'une énergie électrique modeste qui viendrait compléter la manne fournie par les panneaux solaires de la nature (les feuilles des végétaux) a-t-elle dégénéré en une ruée pour couvrir le paysage de panneaux artificiels. La conséquence écologique de cette ruée pourrait bien éclipser celle des éoliennes dans les campagnes, même si le tollé sera moindre parce qu'il faut disposer d'une vue aérienne pour apprécier l'échelle des fermes solaires aujourd'hui en chantier.

En raison de la densité moindre de l'énergie obtenue à partir du rayonnement solaire, comparée à celle tirée du vent, il faut de plus grosses infrastructures pour capter cette énergie. Bien que les fermes solaires comptent peu de pièces mobiles, la densité des réseaux de voirie nécessaires pour ne serait-ce que nettoyer et entretenir les dispositifs est bien plus importante que celle que réclame l'entretien des éoliennes.

Étant donné le déploiement extrêmement rapide des fermes solaires sur de vastes zones de pâturage, voire sur des terres agricoles de premier choix, il faudra imaginer des stratégies de gestion innovantes pour atténuer l'oblitération des terres de culture pour la production d'énergie. Beaucoup

---

travers l'Afrique, et qui fut originellement développé par l'entreprise sociale Lumeter.

60. L'expression d'« esclavage énergétique » est une façon d'exprimer la puissance des systèmes énergétiques en capacité de travail physique humain.

de fermes solaires sont installées dans les zones semi-arides où le potentiel énergétique est le meilleur. Dans ces zones, c'est l'eau, et non la lumière, qui est le facteur limitant pour la croissance végétale. L'eau versant des panneaux pourrait stimuler la croissance végétale sur les allées de service, voire un peu sous les dispositifs. Des moutons pourraient ainsi trouver des fourrages verts sur une plus longue partie de l'année, et l'ombre dans les climats chauds améliorerait leur confort et leur engraissement. Si les sols s'y prêtent et que les opérations d'entretien peuvent être faites par temps sec, des allées de service pâturables et sans asphalte pourraient réduire leurs coûts et permettre à de nouvelles écologies d'espèces indigènes et exotiques de se développer à l'ombre des panneaux.

Des expériences d'horticulture plus intensives associant potagers et vergers ont déjà étonnamment bien fonctionné et suggèrent donc que des dispositifs de polyculture à échelle humaine pourraient être plus adaptés à l'exploitation des fermes solaires que les grandes monocultures très mécanisées[61].

Certes, la nature a pour habitude de coloniser tout ce que nous construisons. Un projet plus radical, proposé il y a quelques années pour la conception d'une centrale d'énergie solaire dans les environs désertiques de Mildura, me fit réfléchir à la façon dont ce projet pourrait générer des conséquences insoupçonnées. L'idée était de construire une toiture d'environ un kilomètre de diamètre convergeant sur une haute conduite d'aération, un peu comme la couverture de l'Art Center de Melbourne. L'air chaud s'élevant dans le conduit haut d'un kilomètre devait faire tourner des turbines génératrices d'électricité : une cheminée solaire à courant d'air ascendant.

61. Voir Frank Jossi, « How Land Under Solar Panels can Contribute to Food Security », sur resilience.org

En examinant ce projet, je me disais que, les années pluvieuses, l'énorme quantité d'eau ruisselant de cette couverture pourrait créer des zones humides avec des bordures de forêts régénérées qui pourraient constituer un risque d'incendie menaçant la structure les années sèches. Par ailleurs, je me demandais si la transpiration de toute cette végétation, véhiculée à grande altitude par le conduit, ne pourrait pas provoquer des orages fréquents susceptibles de réduire le rendement énergétique de la centrale tout en accélérant la croissance de sa forêt périphérique. Au fond, me disais-je, peut-être cette centrale énergétique serait-elle une façon très onéreuse de créer une oasis de forêt dans le désert, qu'un jardinier permaculteur pourrait transformer en magnifique forêt nutritive – destinée un jour à se résorber lentement en désert lorsque la centrale finirait par constater son échec et tomber en déshérence. Je fus très déçu que le plan de montage financier de ce projet tombât à l'eau, en songeant qu'on ne saura peut-être jamais si mes folles spéculations quant à ses complications (et aux réponses innovantes qui pourraient leur être faites) étaient fondées ou non.

Échelle et vitesse

Comme le montrent ces exemples, la poursuite de la méga-échelle et de l'uniformité des systèmes, combinée à la vitesse de leur déploiement – en opposition totale avec le principe de permaculture qui veut que l'on préfère les solutions modestes et lentes – engendre inévitablement de nouveaux problèmes. Par ailleurs, ces exemples reflètent le présupposé selon lequel la gravité, l'échelle et l'urgence du changement climatique exigent des solutions massives et rapides que seul le capitalisme mondialisé est capable de fournir. Cette idée reçue, très répandue dans la mouvance écologiste dominante, est fausse pour plusieurs raisons.

Tout d'abord, la façon la plus rapide d'affronter la crise climatique serait que les classes moyennes mondiales changent radicalement leurs comportements grâce notamment à des mesures politiques qui soutiendraient et encourageraient ce changement. Comme nous l'avons vu avec la pandémie, le changement de comportement peut, de fait, se produire rapidement si la société décide qu'il est nécessaire. Il peut même être mis en œuvre beaucoup plus rapidement que les exemples les plus miraculeux de chantiers d'infrastructures nouvelles, qui eux-mêmes supposent d'assez gros changements de comportement.

En second lieu, l'idée que toutes les solutions doivent croître pour réaliser (grâce aux énergies fossiles) des économies d'échelle est une illusion entretenue par l'exemple et la doxa de l'ère industrielle. Si les panneaux solaires en toiture ne sont peut-être pas tout à fait aussi économiques que les fermes solaires d'après les critères de mesures conventionnels, les avantages qu'il y a à produire l'énergie là où les gens vivent rendent la méga-échelle très discutable. Les solutions à petite échelle peuvent essaimer par réplication, et donner lieu à un cycle d'essais et d'erreurs qui peut s'améliorer à chaque itération, sans courir les risques associés aux projets à grande échelle. Les réseaux de communication modernes permettent aux leçons de l'expérience de se diffuser largement, même si le degré auquel des solutions écologiquement résilientes peuvent être transposées telles quelles d'un contexte à un autre est plus limité qu'on ne le pense en général.

En troisième lieu, quand on l'évalue de façon holistique et éthique, le meilleur investissement possible dans les renouvelables consiste à fournir de l'énergie à ceux qui n'en ont pas dans le tiers-monde, c'est-à-dire à ceux qui sont en première ligne face au changement climatique. En améliorant leur résilience et leur productivité, nous réduisons l'échelle de la migration de masse qui est l'une des conséquences prévues de longue date et déjà en cours du dérèglement climatique. Comme l'avait démontré le mouvement des Technologies appropriées dans les années 1970, ces types de technologies et de dispositifs exigent des échelles et des vitesses différentes de celles déployées par les systèmes capitalistes mondialisés, et ces applications locales, d'échelle plus modeste, fournissent aussi davantage d'emplois. Ironiquement, la pratique et l'activisme en permaculture à travers le monde ont permis de découvrir que ces technologies appropriées sont exactement les modèles dont nous avons besoin dans les pays surdéveloppés pour éviter de faire constamment dégénérer nos solutions en bons vieux problèmes.

Enfin, il a été montré que les sauts d'échelle les plus rapides dans la fabrication et le déploiement des énergies renouvelables vont se solder par une augmentation des émissions de gaz à effet de serre dans les quelques décennies critiques qui viennent, même si elles conduiront à des réductions substantielles des émissions nettes à plus long terme[62]. La façon dont les problèmes d'échelle et de rapidité s'aggravent mutuellement n'est pas nécessairement facile à saisir intuitivement, en particulier par des sociétés qui ont beaucoup profité d'une croissance rapide pendant plusieurs siècles.

Il est pourtant évident que pour éviter les pires conséquences des crises écologiques qui convergent aujourd'hui, l'humanité n'a pas d'autre choix que de réduire drastiquement l'échelle de l'économie mondiale. La vraie question est plutôt de savoir s'il est possible de le faire d'une façon qui minimise la peine et la souffrance. Peut-être la pandémie, qui a touché les pays riches au moins autant, sinon plus, que les pays pauvres, fera-t-elle entrevoir des leçons, ou même des voies grâce auxquelles l'humanité pourrait apprendre à ménager sa décroissance et éviter ainsi l'effondrement.

---

62. Bien que cet excellent article, « How Sustainable is PV Solar? », par Kris De Decker, remonte à 2015 (*Low Tech Magazine*, 26 avril 2015, lowtechmagazine.com), il montre comment de multiples facteurs, y compris la rapidité de leur déploiement, sapent la durabilité des panneaux photovoltaïques.

À contextes distincts, solutions différentes

Cette brève incursion dans quelques-unes de ses méthodes de conception petites et lentes souligne comment les principes de conception de la permaculture sont des outils de réflexion destinés à inverser ou transformer les formules et les habitudes (la plupart du temps inconscientes) que nous ont léguées au moins deux siècles et demi de modernité gavée aux énergies fossiles.

« Utiliser et promouvoir la diversité » est un autre principe de la permaculture qui, dans sa version plus restrictive, « promouvoir la (bio)diversité (indigène) », relève de l'orthodoxie environnementale. Mais comme je le disais à propos des arbres, la monoculture de l'esprit est plus problématique que celle de la forêt. Cette monoculture de l'esprit s'exprime de la façon la plus persistante dans la croyance que les grandes solutions, depuis les logiciels jusqu'aux terrassements, peuvent être déployées à travers les cultures et les paysages sans égard pour les particularités du contexte, et qu'il suffit donc de trouver une bonne grosse solution qui surpasse toutes les autres pour l'étendre ensuite partout, en créant ainsi de nouvelles monocultures conceptuelles, quitte à les travestir aux couleurs locales. Comme les penseurs les plus sages dans le domaine des énergies renouvelables le savent depuis longtemps, le futur de l'approvisionnement énergétique sera non seulement réparti mais varié. Non seulement parce que des sources énergétiques différentes se compléteront pour satisfaire ensemble nos besoins, mais aussi parce que des territoires, des biorégions ou des pays différents seront caractérisés par des mix énergétiques différents.

En agriculture, qui fut la dernière et la plus importante des activités humaines à être industrialisée, les approches conventionnelles de la recherche, du développement et de la vulgarisation auprès des fermiers ont tendance à créer des monocultures mentales qui font resurgir les vieux problèmes sous des formes nouvelles. Pour garantir le futur de l'humanité, il est impératif que nous développions des systèmes finement accordés à la diversité des paysages et des contextes.

Cette réalité réclame un modèle d'innovation différent où le fermier, et non le chercheur, le bureaucrate ou l'entrepreneur, soit le personnage principal de l'affaire. Alors que cette idée paraît plutôt tomber sous le sens, elle renverse complètement, en pratique, la culture et les relations de pouvoir que nous avons héritées du capitalisme industriel, et conduit à tout un bourgeonnement de solutions variées qui ne sont pas nécessairement amplifiables ni réplicables et qui peuvent paraître opaques, voire mystérieuses, aux yeux des non-initiés. Les défis psychosociaux d'une telle révolution de pensée sont très profonds, au point que chaque fois que nous comprenons la force de telle solution authentique, nous ne pouvons nous empêcher de vouloir la transposer partout.

Peut-être notre histoire culturelle frappée au sceau de la religion évangélique joue-t-elle un rôle dans ce désir de propager la parole de Dieu (ou même de la permaculture) pour sauver les masses ignorantes qui n'ont pas entendu le message. Mais c'est une autre histoire.

Après avoir escaladé les montagnes de l'impasse environnementale dans laquelle se trouve l'humanité, j'aimerais revenir maintenant à des exemples plus modestes de la façon dont nous avons tendance, même en permaculture et dans les réseaux assimilés, à transformer nos solutions en problèmes.

La construction en bottes de paille

La construction en bottes de paille a émergé dans les prairies américaines où les presses mécaniques à balles de foin opéraient sur des champs de céréales à perte de vue. Dans ce contexte où les hivers sont très froids et où les arbres manquaient, en particulier les forêts de bois d'œuvre récoltables, la construction en bottes de paille donna lieu à une architecture vernaculaire bon marché. Plusieurs décennies après, la technique fut propagée par les réseaux de construction écologique en quête de matériaux très isolants qui fussent à la fois peu chers et à faible énergie intrinsèque. En Australie, bien que l'intérêt des murs très isolants soit moindre que dans les climats continentaux de l'hémisphère nord, recourir à ce matériau accessible et largement disponible a clairement du sens dans les zones rurales (bien que les bottes de paille de format traditionnel ne soient plus aussi communes qu'autrefois).

Lors d'un voyage au Japon en 2004, nous vîmes quelques exemples de bâtiments construits en bottes de paille, alors que les balles traditionnelles de bonne paille de céréales ne font pas partie des sous-produits de l'agriculture japonaise. On nous parla même d'un projet de maison en paille dont les constructeurs importaient les bottes depuis les États-Unis. Il ne faut pas être grand clerc pour comprendre que le transport d'une telle cargaison de faible valeur à travers l'océan Pacifique, plus les transits routiers vers et depuis les ports, n'est pas une pratique très soutenable. Voilà clairement un cas de solution convertie en problème.

Infrastructures des jardins

Un exemple plus subtil mais très répandu dans les projets inspirés par la permaculture concerne l'usage des infrastructures construites dans les jardins productifs : tout ce qui est treilles, clôtures, billons, abris et enclos pour les animaux, ombrage et serres, cuisines extérieures, et tous les types de systèmes d'irrigation, depuis les simples baissières jusqu'aux systèmes complexes de goutte-à-goutte contrôlés par ordinateur. Partout dans le monde, le recours à ces infrastructures construites pour augmenter et diversifier la productivité est l'une des caractéristiques qui distinguent l'horticulture (les zones 1 et 2 dans le jargon de la conception des sites en permaculture) de l'agriculture proprement dite (zone 3).

Étroitement couplée avec l'habitation, l'horticulture nourricière peut tirer parti de microclimats créés par des parois réfléchissantes ou ombrageuses, de pergolas ou de treilles en prolongement des bâtiments pour modérer le climat, de gradins en pierres ou en bois pour profiter des terrains en pente raide, de clôtures et autres enclos pour contenir des animaux, et de l'eau qui coule des toits et des surfaces imperméables vers des réservoirs et des mares pour disposer de réserves ou favoriser son absorption dans le sol. Enfin et surtout, des systèmes d'irrigation réticulés et gravitaires basés sur la topographie existante peuvent assurer l'approvisionnement en eau du jardin maraîcher et le garantir assez longtemps contre les aléas d'un futur de descente énergétique[63].

L'installation des habitations ou des villages au voisinage direct de forêts de piémont, de bambouseraies ou d'affleurements rocheux à l'écart des terres arables est un autre modèle répandu. Il permet à l'horticulture de profiter de ressources de construction bon marché, abondantes et/ou déjà renouvelables, mais aussi de combustibles, de matière organique et d'un grand éventail d'espèces médicinales, nourricières ou fourragères qui contribuent toutes à l'économie non monétaire du foyer et du village.

Toutes ces améliorations infrastructurelles sont plus coûteuses et plus difficiles à appliquer à l'agriculture de plein champ, et pas seulement en raison de la démultiplication de l'échelle. Les avantages secondaires associés à l'habitation sont moins utiles en plein champ où ces infrastructures peuvent représenter des obstacles considérables à la rotation des usages entre culture et pâture, ou aux changements d'équipements. Cela dit, la production maraîchère intensive implique souvent des infrastructures importantes et coû-

63. Sans installation de traitement et avec un entretien minimal des tuyaux, un système d'irrigation de base doit être complété par des citernes domestiques d'eau de pluie pour l'eau potable.

teuses. Il s'agit d'un problème important pour la viabilité financière, qui fait que le maraîchage moderne à l'échelle industrielle est une plus grande source d'émissions de gaz à effet de serre, de consommation de ressources et de pollution que les systèmes de culture plus extensifs mais plus simples en équipement. C'est une des raisons pour lesquelles la stratégie de la permaculture consiste à reruraliser la *suburbia* par une horticulture intensive, sous la forme de jardins nourriciers, et à laisser les meilleures terres arables à des cultures extensives de céréales et de légumineuses, plus exigeantes en espace.

De l'échelle suburbaine à celle de la petite ferme, l'usage extensif des infrastructures est une caractéristique essentielle des systèmes permaculturels. On en trouve une bonne illustration dans l'image donnée en pleine page du manuel de conception de Mollison, comparant une petite ferme en permaculture à un dispositif plus conventionnel[64]. Cependant, il y a un hic : toutes ces infrastructures doivent être soigneusement conçues et intégrées pour remplir de multiples fonctions. Leur mise en œuvre réclame en effet des ressources et du travail, et même si elles sont régulièrement entretenues, elles finiront par se dégrader. Tant sur le plan financier que sur le plan écologique, il faut donc que la productivité, la résilience et les autres avantages de ces infrastructures soient supérieurs à leur coût, sans quoi elles deviendront elles-mêmes (à nouveau) une partie du problème.

Les bons projets en permaculture abordent donc cette question en imitant d'abord les systèmes traditionnels qui utilisent des ressources abondantes et rapidement renouvelées telles que la terre, la pierre, le bambou et les branches de cépée ou d'éclaircie de petit diamètre. Au lieu de les construire, on peut même faire pousser des clôtures vivantes,

---

64. Voir Bill Mollison, *Permaculture: A Designer's Manual*, Stanley (Tasmanie) : Tagari Publications, 1988.

voire des ponts, pour diminuer leur empreinte écologique. Dans les pays riches, et même dans les régions pauvres, le réemploi créatif de palettes en bois, de vieux grillages, de fers à béton, de lavabos, de baignoires et de toutes sortes d'autres rebuts domestiques ou industriels tend à compléter le recours aux matériaux renouvelables traditionnels, en particulier dans les zones urbaines. Une autre stratégie importante est de bien distinguer entre les structures « rapides à construire mais rapides à se détériorer » qu'on improvise avec des matériaux de rebut ou qui repoussent vite, et celles qui, bien entretenues, pourraient durer toute une vie, voire au-delà, et qui justifient donc le recours à des matériaux de bonne qualité ainsi que plus de temps et de soin pour les construire.

Parfois, les systèmes permaculturels peuvent avoir l'air très bordéliques, jonchés qu'ils sont de matériaux de récupération, biodégradables ou pas. Dans certains sites, une succession d'expériences et d'essais peut créer une archéologie déprimante de vestiges que les propriétaires et occupants successifs tendent à faire disparaître comme les échecs du passé.

Malheureusement, il est assez fréquent de voir de nouveaux matériaux comme du fil de fer en acier galvanisé fixé sur des clôtures mal construites, des systèmes d'irrigation en tuyaux PVC tout neufs qu'on a mis en place pour arroser des plantations d'arbres sans trop penser aux tronçonneuses, et des outils en plastique ou en métal tout neufs abandonnés à la rouille et aux intempéries. Il est toujours important de se demander : quelles furent la productivité, ou au moins les leçons, qui justifièrent qu'on extraie ces ressources de la terre ou (pour recourir à une métrique plus communément admise) qu'on émette la quantité de gaz à effet de serre générée pour les produire ?

Cette évaluation critique des projets inspirés par la permaculture pourra paraître un peu dure, et dans une certaine mesure elle l'est en effet. Si l'on compare le tâtonnement des amateurs qui s'essaient à la production nourricière – en recourant à la recyclerie locale et à l'achat occasionnel de matériel à la quincaillerie –, à d'autres hobbys et passe-temps tels que la pêche occasionnelle en hors-bord, la fréquentation des salles de sport ou de musculation, voire à des addictions plus sévères comme passer son temps libre devant les machines à sous, alors même les tentatives de permaculture les plus défaillantes paraissent sans doute bien meilleures. Cela dit, les personnes qui s'adonnent à des activités récréatives ne prétendent généralement pas que ce qu'elles font représente une contribution au sauvetage de la planète, un marqueur d'autonomie significative ou un pas vers un monde plus équitable, alors que nous autres, les *permies*[65], aimons penser que nous faisons ces trois choses tout en nous amusant davantage que ceux qui s'infligent leurs régimes d'exercice à la salle de sport.

Le jardinage sur planches surélevées

Pour examiner de plus près comment la solution peut dégénérer en problème lorsque nous n'y prenons pas garde, prenons l'exemple des planches surélevées qui sont l'une des infrastructures les plus communes dans les jardins en permaculture. Les planches en butte ou en billon ont beaucoup d'avantages, y compris dans l'agriculture de plein champ, mais leurs pentes latérales consomment beaucoup d'espace et sont facilement érodées par l'eau et/ou les grattements des oiseaux. Les parois latérales construites transforment les buttes en planches surélevées qui sont plus faciles à travailler et qui permettent de cultiver sur des sols contaminés. L'équilibre entre durabilité et renouvelabilité que nous évoquions plus haut est une question importante lorsque l'on fait des planches surélevées. Plus la planche est

65. Nous conservons ce diminutif par lequel l'auteur désigne celles et ceux qui sont engagés dans la permaculture.

élevée, plus la force qui s'exerce sur les côtés est importante, en particulier dans les sols argileux qui ont tendance à se contracter et à enfler. Les sols jardinés riches en matière organique et en nutriments dégradent quasiment tous les bois à part les plus durs. Recourir à une variété de matériaux de récupération et/ou de matériaux facilement renouvelables peut réduire l'empreinte écologique, tandis que des planches peu élevées mais intensément cultivées peuvent littéralement produire une tonne de nourriture au cours de leur petite durée de vie.

La croissance considérable du jardinage productif (inspiré ou non par la permaculture) a conduit le commerce à proposer des systèmes de planches surélevées construits en matériaux nouveaux. Parmi les meilleurs de ces systèmes, on en trouve qui utilisent du bois naturellement dur récupéré sur les haies brise-vent des fermes et qui peut durer des décennies.

Une étape supplémentaire dans l'intensification est la planche en bac qui réduit drastiquement l'eau nécessaire et permet la production de légumes dans des endroits où des racines invasives représenteraient un sérieux obstacle. Cependant, cela requiert un container ou une membrane. Les meilleures options commerciales utilisent une membrane de haute qualité, qui représente un coût supplémentaire important, mais qui peut se justifier dans la mesure où il répond bien au défi de produire des légumes frais dans le cadre de l'économie domestique.

Comme la bonne réputation des légumes cultivés maison est désormais très répandue, les magasins d'outillage vendent maintenant des micros jardins-bacs de maraîchage entièrement en plastique, déjà pré-équipés de filets de protection pour écarter les oiseaux et insectes ravageurs. À ce stade, l'intensification de l'infrastructure transforme la solution du jardinage nourricier en contributrice d'une pollution et d'une dégradation écologiques, plus graves peut-être que celles des produits conventionnels qu'on trouve au supermarché. À mon avis, il vaudrait sans doute mieux que les personnes soucieuses de l'environnement achètent leurs légumes à des producteurs commerciaux recourant à des techniques d'exploitation simples mais consommatrices d'espace, de préférence locaux et bios, à travers un marché de producteurs ou le réseau des AMAP (Associations pour le maintien d'une agriculture paysanne).

Y a-t-il des situations où je pourrais imaginer que de tels systèmes de potagers domestiques pussent se justifier d'un point de vue permaculturel ? Pour ceux qui vivent dans des appartements disposant d'un balcon ensoleillé, la satisfaction de faire pousser quelques légumes et aromatiques pourrait bien faire pencher la balance. En guise d'analogie, comparant l'énergie grise des petites serres d'appoint en façade à toutes les économies de chauffage dans les appartements et les maisons en Scandinavie, un conférencier au Congrès européen de la permaculture en 1994 avait pointé le fait que le plaisir de pouvoir lire un livre à la lumière naturelle serait peut-être suffisant pour dissuader un Suédois de s'envoler pour l'Espagne en hiver – ce qui, pour le coup, représente une sérieuse économie d'énergie !

Parce que l'abondance boostée aux énergies fossiles a ouvert des possibilités que les générations précédentes n'auraient pas pu même imaginer, il y a beaucoup de situations où de nouveaux projets d'inspiration permaculturelle peuvent améliorer ce qui ne marche pas et, avec un peu de chance, amorcer un processus de transition depuis la consommation irresponsable vers une productivité responsable. Imaginez un jeune enfant vivant en appartement mais au contact de la nature, et produisant de la nourriture pour participer à l'économie du foyer, qui serait conduit peu à peu à vouloir devenir fermier ; ce serait là, potentiellement, un énorme retour sur investissement social pour des parents tirant le meilleur parti de leur situation.

Certes, le micro-bac de culture acheté en quincaillerie n'est pas le comble de la production nourricière très intensive en ressources, même si on laisse de côté les *frankenfoods* de la viande de synthèse cultivée en laboratoire et les autres réponses de l'industrie à la crise du système alimentaire. Les cultures hydroponiques en intérieur et sous lumière artificielle qui explosent absurdement les prix du cannabis illégal peuvent contribuer à l'illusion que les projets de cultiver de la nourriture dans de telles conditions pourraient être l'une des façons de nourrir les villes denses à l'avenir. On a là vraiment un exemple de solution débouchant sur un problème encore pire en matière de consommation de ressources et répercussions sur l'environnement. Au-delà des cascades de difficultés pour gérer la fertilité et les nuisibles dans de tels systèmes, utiliser de l'énergie renouvelable pour produire la quantité de lumière nécessaire à la croissance de légumes ou d'autres plantes à grands rendements ne rimera jamais à rien sur le plan énergétique.

Au-delà de la critique

S'il est facile de se montrer acerbe sur les façons dont des professionnels du développement durable, même bien formés, promeuvent parfois des solutions environnementales qui ne passent pas la barre des critères solides et holistiques de la permaculture, les forces qui réinventent des comportements écologiquement délétères sous de nouvelles formes continuent d'influencer tout le monde dans les sociétés riches modernes. Dans la nature comme dans la société, de puissantes boucles de rétroaction positive renforcent des modèles éprouvés, mais elles sont généralement équilibrées par des boucles de rétroaction négative qui limitent les excès de toute nature. Malheureusement, des décennies d'augmentation de la consommation des ressources et de la croissance économique alimentées par des rétroactions positives – dans ce que le spécialiste de la durabilité

Darrin Qualman appelle l'e-civilisation[66] – nous conduisent à l'effondrement.

Dans leur livre, *Comment tout peut s'effondrer*[67], les théoriciens français de la collapsologie Pablo Servigne et Raphaël Stevens parlent notamment de verrouillage structurel. Ce verrouillage se produit lorsque des acteurs ou des modes dominants dans un domaine quelconque acquièrent un quasi-monopole sur la mentalité et les marchés qui interdit l'émergence d'autres acteurs ou d'autres méthodes. Ils donnent pour exemple la façon dont, malgré l'évidence démontrée et globalement admise que l'agriculture bio est énergétiquement plus efficace que l'agriculture chimique et génétiquement modifiée, les financements et la recherche restent obstinément rivés sur le perfectionnement de ces impasses pour la production alimentaire future. Ce verrouillage très complexe fait intervenir des facteurs techniques, psychologiques et institutionnels. Analysé à partir des principes de conception de la permaculture, ce verrouillage procède d'une incapacité à valoriser les réponses modestes, lentes, diverses et marginales, d'une focalisation aveugle sur l'obtention de rendements immédiats et facilement quantifiables, et d'un refus de tenir compte des externalités négatives des moyens dominants.

La question qui se pose est donc de savoir s'il y a le moindre espoir qu'après le pic des énergies fossiles une descente prospère s'enclenche vers une économie plus équitable et plus fondée sur les réalités biologiques qui satisferait les besoins (plutôt que les manques et les addictions) et qui favoriserait toute une floraison de développements et d'épanouissements personnels et collectifs non strictement matériels.

---

66. Darrin Qualman, *Civilization Critical: Energy, Food, Nature, and the Future*, Halifax : Fernwood Press, 2019.

67. Pablo Servigne et Raphaël Stevens, *Comment tout peut s'effondrer : petit manuel de collapsologie à l'usage des générations présentes*, Paris : Seuil, 2015. Voir mon compte-rendu sur holmgren.com.au/writing

Tout en pensant que certains éléments de cette vision utopique sont encore techniquement possibles, je suis convaincu que leur émergence dépend surtout de la propagation virale d'efforts modestes vers davantage de résilience, plutôt que de grandes stratégies visant à réparer le monde grâce aux nouvelles technologies. Cela dit, il est clair que, sauf scénarios d'effondrement catastrophiques, de grands projets pour « sauver le monde », plus ou moins bien intentionnés, sont déjà dans les tuyaux. Je crois malheureusement que la plupart de ces efforts répéteront les modèles du passé et convertiront des solutions potentielles en nouveaux problèmes.

Parmi toutes les innovations biotechnologiques, deux me paraissent représenter des leviers assez puissants pour contribuer éventuellement à soulager la crise mondiale, mais l'une comme l'autre risque inévitablement d'être corrompue par les routines du passé si l'humanité ne parvient pas à se défaire des modes de raisonnement du capitalisme industriel. Il s'agit du biochar pour une agriculture régénérative, et de la permaculture marine pour des communs océaniques régénérés. Ces deux techniques disposent de modèles indigènes et traditionnels et d'un corpus croissant de recherches et d'expériences au service de nouvelles applications. Toutes deux, enfin, peuvent répondre à de multiples aspects de la crise mondiale, et sont accessibles à l'échelle des foyers, des communautés et des petites entreprises pour renforcer des économies locales, résilientes et redistributives.

Biochar de biomasse

Le biochar est un charbon de bois fabriqué et préparé pour augmenter la capacité de rétention d'eau et de nutriments des sols productifs agricoles, ainsi que leur activité microbiologique. Parmi ses multiples avantages, on peut citer une plus grande résilience face au changement climatique, une augmentation des rendements et de la qualité des cultures, et par conséquent une amélioration de la santé et du bien-être des populations humaines.

En outre, le biochar a pour vertu de séquestrer le carbone plus durablement que les techniques traditionnelles de l'agriculture biologique et pourrait par conséquent jouer un rôle majeur dans la lutte contre l'aggravation du changement climatique et d'un certain nombre d'autres crises écologiques[68].

Le processus de fabrication du biochar libère l'énergie volatile de la biomasse ligneuse (et d'autres types de plantes). La technique de gazéification du bois peut capturer cette énergie et l'utiliser pour produire de l'électricité, du chauffage, ou alimenter des véhicules. La dernière fois qu'on y eut largement recours fut pendant les pénuries de carburant de la Seconde Guerre mondiale. Mais ces dernières années, la hausse des coûts de l'énergie et le changement climatique ont relancé la recherche et permis de nouvelles améliorations. Le plus grand obstacle à l'application généralisée de cette technologie est sans doute la crainte compréhensible que les forêts et les autres sources de biomasse ne soient englouties et qu'une autre technologie renouvelable ne débouche ainsi, encore une fois, que sur une destruction écologique pire encore que celle qu'elle était censée contenir. Cela étant dit, ce n'est pas la technologie elle-même, mais bien le capitalisme industriel mondialisé qui, dans sa ruée vers des économies d'échelle réelles et imaginaires qui outrepassent les rendements durables de la biomasse excédentaire, est la vraie menace.

Les rendements durables de la biomasse ligneuse sont un sous-produit naturel de la sylviculture durable partout où les précipitations sont adéquates, et en particulier là où des écologies du feu consument périodiquement la biomasse

68. Voir par exemple Albert Bates, *The Biochar Solution: Carbon Farming and Climate Change*, Gabriola Island (Colombie-Britannique) : New Society Publishers, 2010.

forestière excédentaire dans des feux de brousse gérés et/ou ravageurs. La sylviculture écologiquement durable donne la priorité au maintien des services écosystémiques, de la biodiversité, et des rendements à haute valeur des arbres, plutôt qu'à la biomasse énergétique, au biochar et aux autres produits de faible valeur comme la pâte à papier.

Mais les gestionnaires forestiers du monde entier savent que l'éclaircissement des repousses denses en sous-bois accélère la maturité écologique, augmente la résistance aux feux de brousse, améliore le paysage, et lègue aux générations suivantes la promesse de bois d'œuvre de haute qualité et de toutes sortes d'autres rendements. Par ailleurs, ces éclaircies génèrent de grandes quantités de bois de faible qualité et de plus petit diamètre. Savoir à quoi utiliser ce bois encourage à son tour ce travail d'éclaircissement.

Comme nous l'avons vu plus haut, les grandes monocultures d'arbres à pousse rapide qui couvrent le paysage sont une solution qui se retourne en problème. Et ce problème est encore aggravé lorsque les plantations de gommiers bleus ne répondent pas aux attentes en matière de taux de croissance et de rendements, ce qui conduit à les raser et à les brûler, et à renvoyer ainsi d'énormes quantités de carbone dans l'atmosphère – un symbole tragique du rapport dysfonctionnel de l'Australie aux arbres et aux forêts.

Nos propres et modestes efforts en matière de sylviculture indigène durable au cours du dernier quart de siècle sont sur le point de franchir une nouvelle étape, au-delà de rendements soutenables en miel, bois d'œuvre et bois de chauffe durables. Nous allons mettre mieux à profit les coupes d'éclaircie et d'élagage par une gazéification du bois, dont les sous-produits de biochar viendront enrichir des jardins maraîchers en permaculture.

Notre projet entend démontrer deux applications importantes de la technique de gazéification sur les terres attenantes à Fryers Forest, propriété de la société Fryers Forest

Research and Development qui a réalisé le projet original de l'écovillage dans les années 1990.

La première concerne des véhicules hybrides gaz de bois/électricité adaptés à la gestion agricole et forestière. Nous pensons que la conversion électrique de camions légers peut éviter le recours à d'énormes bancs de batteries grâce à l'utilisation de petites centrales électriques au gaz de bois permettant d'alimenter et d'augmenter l'autonomie d'équipements tels que des grues et des déchiqueteuses.

La seconde application concerne des systèmes de production d'énergie à l'échelle de la ferme ou de la communauté locale, qui combinent les panneaux photovoltaïques en toiture avec la génération d'énergie de réserve au gaz de bois pour les périodes d'hiver nuageuses ou de forte demande, mais aussi de chauffage pour la transformation des aliments, le séchage du bois et d'autres activités domestiques, agricoles ou de petit commerce. Ces systèmes peuvent être autonomes ou connectés au réseau.

En mettant en œuvre ces systèmes d'échelle modeste, nous espérons établir un modèle qui démontre comment l'énergie-bois stockée à disposition est complémentaire des énergies renouvelables intermittentes du solaire et de l'éolien, en particulier dans les zones rurales et provinciales de l'Australie. De la même façon que le photovoltaïque en toiture a permis aux Australiens de reconnaître le rôle de l'énergie solaire dans leur vie, des systèmes de production d'énergie d'échelle humaine à base de biomasse sont nécessaires pour que les Australiens comprennent le potentiel énergétique de la biomasse. Une foule de possibilités s'ouvre aux entreprises locales qui pourraient reprofiler les véhicules existants et fabriquer localement des équipements de gazéification, au lieu de continuer à consommer des panneaux, des turbines, des batteries et des voitures produites par des multinationales.

Il est ironique de penser que la recherche d'énergie et de modes de transport plus durables pourrait être le moteur d'une action concertée pour traiter la terre comme à la fois la source et le puits de tout le processus : une gestion sensible et continue des friches et des forêts plantées comme source ; et des sols microbiologiquement actifs enrichis au biochar comme puits de carbone pour produire des aliments sains dans les jardins et les fermes locales.

Peu importe que nous soyons concentrés sur la recherche de solutions locales qui assurent l'abondance et la résilience dans un monde changeant, ou d'abord inquiets de savoir comment les limites mondiales à la croissance pourront être surmontées, les principes éthiques et de conception de la permaculture sont des outils dont nous avons besoin pour saisir les opportunités et éviter le déraillement des monocultures mondialisées de l'esprit. Mais pour éviter que le capital industriel mondialisé n'abâtardisse une nouvelle fois nos solutions, il est essentiel que les modèles que nous développons à l'échelle de sites privés se reproduisent de façon organique pour régénérer nos forêts plus vastes et garantir que les gouvernements futurs ne pourront pas céder nos communs aux intérêts du capital mondialisé.

Permaculture marine

Brian von Herzen, de la Climate Foundation, a forgé le concept de « permaculture marine » pour décrire des systèmes destinés à cultiver des forêts de varech ou de laminaires qui puissent fournir nourriture, fourrages et engrais, séquestrer du carbone, et créer des milieux propices à l'épanouissement d'espèces variées de poissons. Au-delà de la restauration des forêts de laminaires déjà perdues à cause du réchauffement des océans, la vision de von Herzen s'étend à l'idée de coloniser des environnements de pleine mer en provoquant artificiellement des remontées d'eau froide riche en nutriments depuis les couches plus profondes.

En créant des écosystèmes de forêts de laminaires là où il n'y en avait pas, ces projets, propositions et visions sont analogues aux premières visions de la permaculture qui projetaient des forêts terrestres capables de restaurer des paysages désertiques ou dégradés avec des espèces susceptibles d'améliorer le climat local, voire biorégional, tout en fournissant aux gens une abondance de nourriture, de fourrage, de combustible, de fibres et de matériaux de construction. Mais les règles et limites de la nature qui définissent la permaculture en milieu marin sont passablement différentes de celles qui prévalent en milieu terrestre.

Les algues, et en particulier les espèces de laminaires massives et à croissance rapide des régions tempérées, ont besoin d'un substrat suffisamment proche de la surface pour garantir une lumière adéquate à la photosynthèse. Dans la nature, ces conditions se rencontrent dans les zones littorales où la faible profondeur et la turbulence des vagues se combinent au ruissellement des rivières pour fournir les nutriments nécessaires. De la même façon que les digues, les plateformes offshore et les épaves peuvent constituer des récifs artificiels colonisés par les mollusques, les coraux et les espèces de poissons qui vont avec, des structures immergées expressément conçues à cet effet peuvent servir de substrat pour des forêts de laminaires éloignées des côtes. Étant donné l'effet réduit des ondes de tempête, la croissance des laminaires peut être régulée par les récoltes et par les prélèvements des poissons herbivores. L'approvisionnement en nutriments peut être fourni ou complété par les remontées des eaux plus profondes et plus froides riches en nutriments, dont le pompage peut même être effectué en utilisant l'énergie diffuse du gradient thermique entre les eaux de surface plus chaudes et les eaux profondes plus froides.

Les laminaires à croissance rapide séquestrent le carbone à un rythme plus rapide que les arbres forestiers. Elles peuvent être ensuite raffinées en biocarburants ou coupées et stockées au fond de l'océan dans des quantités qui correspondent à l'échelle du changement climatique. Von Herzen pense que la permaculture marine aurait le potentiel de ramener la Terre vers un climat sûr, sans les risques induits par la plupart des autres formes de géo-ingénierie. Cependant, les principes de la permaculture suggèrent de commencer par des fermes littorales de culture d'algues plus modestes, de l'ordre de l'hectare, avant de développer des exploitations de cent hectares en pleine mer. Naturellement, les grandes manœuvres de ce genre dans les communs océaniques, soumises aux lois de la mer plutôt qu'aux lois terrestres des États-nations, soulèvent toutes sortes d'alarmes pour beaucoup de gens – et le risque que cette solution crée de nouveaux problèmes, anticipés ou non, dès lors que les règles de conception du capitalisme industriel mondialisé en prendraient les rênes.

J'ai participé à des discussions et des recueils de données avec Brian von Herzen (et Scott Spillias, de l'université de Queensland) autour d'un projet visant à articuler les principes éthiques et de conception de la permaculture comme cadre pour guider non seulement les projets de fermes d'algues mais plus généralement l'« économie bleue », qui se concentre sur les moyens de soutenir l'humanité à partir des ressources des océans. Une grande partie de la rhétorique et des efforts des gouvernements et des entreprises pour développer l'économie bleue montre tous les signes d'une répétition des erreurs de l'aquaculture industrielle, et plus généralement de l'agriculture industrielle. Nous espérons amener les experts de la protection des océans, de la gestion des ressources marines et de la mariculture à soutenir un cadre qui, nous l'espérons, pourra guider les pêcheurs, les marins, les consommateurs, les investisseurs et les décideurs politiques vers des cercles vertueux d'abondance régénérative, plutôt que dans la répétition des cercles vicieux de la cupidité, de la simplification de la diversité naturelle, de la surexploitation, et de l'inégalité dans l'accès et le contrôle des fruits de la nature.

Notre vision inclut la revitalisation des cultures indigènes et traditionnelles des peuples de la mer et des littoraux en utilisant de nouveaux systèmes techniques et de communication pour régénérer des cultures de flux qui soient en phase avec le domaine océanique où l'accès est plus important que la propriété. Il est bien possible que ce que nous apprenons dans les communs océaniques puisse informer et réformer la façon dont nous harmonisons la gestion des communs terrestres où vivent la grande majorité des humains.

Conclusion

La domestication du feu qui permit à nos ancêtres d'utiliser le bois pour cuisiner, se chauffer, chasser et ménager les paysages fut le point de départ d'un long chemin qui a conduit à la combustion des énergies fossiles et à la crise climatique.

En même temps que nous nous débarrassons de notre addiction aux combustibles fossiles, il est tout aussi essentiel que nous capturions et stockions le carbone dans les sols et dans les océans. Il est peut-être ironique que le réapprentissage de la maîtrise des arts du feu soit la clé du piégeage du carbone dans les sols aussi bien que de la satisfaction de besoins modestes en énergie pendant la crise. Et ce n'est pas un hasard si l'Australie, qui est le continent où l'art et la science du feu furent élevés au rang des beaux-arts par les peuples indigènes, pourrait jouer un rôle central dans le rétablissement de cet équilibre entre la terre, l'air, le feu et l'eau.

La créativité de l'humanité est mise à rude épreuve quand l'enjeu est de trouver comment prospérer en faisant moins avec moins, de trouver de nouvelles façons de transformer les déchets et des dysfonctionnements en occasions de répliquer ce qui fonctionne, et de cultiver l'humilité nécessaire pour accepter la situation difficile à laquelle nous devons nous adapter avec grâce. Pour survivre et s'épanouir dans l'ère de la descente énergétique, l'humanité dans son ensemble doit réapprendre la sagesse indigène qui évite soigneusement de laisser les meilleures solutions se convertir en bons vieux problèmes.

5. Rumination pandémique : les nouveaux habits du Brown Tech

Je crois qu'il est important de voir le Brown Tech comme une phase logique du démantèlement du monde techno-industriel par les forces systémiques de la descente énergétique, plutôt que comme une grande bataille de la sagesse bienveillante contre les résistances récalcitrantes et subversives, ou, au contraire, comme un plan diabolique pour la domination du monde qu'il faudrait combattre à tout prix et à chaque tournant. Pour certains *permies*, peut-être une minorité, qui se sentent de plus en plus rejetés, le monde Brown Tech émergent apparaît comme une folle dévolution tyrannique qui nous prive de nos droits et de nos libertés en imposant toutes sortes de contrôles sur ce qui relevait autrefois de la vie privée, tout cela éventuellement orchestré par des élites de l'ombre déterminées à dominer le monde, voire pire encore. Cela les conduit naturellement à frayer (et par conséquent à être amalgamés) avec des gens dont les valeurs et les profils idéologiques sont tout autres.

Introduction

Après un hiver sombre et humide, les signes avenants du printemps explosent partout autour de nous à Melliodora et Spring Creek[69]. L'absence d'ensoleillement nous a contraints à brûler davantage de bois, et comme le rendement de nos panneaux photovoltaïques était à peine suffisant pour pomper l'eau et alimenter quelques autres fonctions essentielles, nous avons tapé en dernier recours dans le réseau électrique de l'État de Victoria – toujours dominé par le charbon, en dépit de l'impressionnant déploiement des fermes éoliennes dans toute la région. Le temps était suffisamment humide pour nous rappeler l'époque d'avant l'accélération du changement climatique, qui nous donne plus de soleil en hiver mais moins de pluie pour remplir les nappes phréatiques et moins de décomposition fongique pour limiter les quantités de combustible durant la saison des feux de forêt.

Chaque jour, nous observions depuis le bureau une impressionnante famille de corbicraves leucoptères[70] qui fouillaient le potager à la recherche de vers pour refouler le froid qui s'infiltrait à travers leur plumage. En dépit des plaintes de ces oiseaux et de beaucoup de gens, ce ne fut pourtant pas un hiver froid. L'herbe continuait à pousser lentement là où les hordes de kangourous qui avaient envahi la ville ne l'avaient pas mangée jusqu'aux racines. Les dégâts des gelées sur les plantes subtropicales sensibles furent minimes, et les données fournies par les services de la météo ont confirmé mon impression que ce fut l'un des hivers les plus doux que nous ayons eus sur tout notre conti-

---

69. Une première version de cet essai a été publiée sous le titre de « Rumination pandémique : le mouvement de la permaculture survivra-t-il à la première épreuve sérieuse de la descente énergétique ? ». Dans cette version plus développée, David Holmgren examine les réponses à la pandémie à la lumière de son travail sur les scénarios futurs.

70. *Corcorax melanorhamphos*.

nent. Pour une fois, mes observations furent corroborées par ce que l'on appelle aujourd'hui « la Science ».

Ainsi, avec le soulagement d'un hiver humide pour modérer la saison des feux, pourquoi donc devrais-je éprouver tant d'inquiétude pour le futur proche ? Le printemps était considéré comme une période de mort et de renaissance dans la tradition celtique, bien avant que Pâques ne marque la mort et la résurrection du Christ. La menace des famines fut toujours plus grande au printemps, lorsque les fleurs nourrissent l'âme mais pas nécessairement l'estomac. Mais en l'occurrence, comme pour beaucoup de gens, c'est la pandémie qui m'a déprimé, alors même que ma situation personnelle est on ne peut plus confortable[71].

Actions et réflexions en temps de pandémie

Même si la pandémie est en soi un phénomène intéressant et bien entendu tragique, pour beaucoup d'entre nous, elle ne l'est pas beaucoup plus qu'une myriade d'autres manifestations de la façon dont l'humanité se heurte – exactement au moment annoncé il y a déjà près de cinquante ans – aux « limites de la croissance[72] ». Le phénomène vraiment intéressant à mes yeux, et sans doute tragique lui aussi, c'est la réponse collective de l'humanité à ce nouveau coronavirus.

Mes écrits précédents sur le sujet exprimaient une certaine excitation à l'idée que la pandémie pourrait stimuler une augmentation massive du nombre de gens intéressés par la production domestique de nourriture et les autres activités d'autosubsistance éclairée que représentent les économies non monétaires, domestiques ou communautaires, mises en avant dans mes travaux sur la RétroSuburbia[73].

71. Ainsi que je l'ai souligné dans « Le clivage des classes sociales par temps de pandémie », p. 91.

72. Donella H. Meadows, Dennis L. Meadows, Jørgen Randers et William W. Behrens III, *Halte à la croissance ? op. cit.*

73. David Holmgren, « Le problème est la solution », p. 109.

Nos équipes à Holmgren Design, Melliodora Publishing et Permaculture Principles mirent une énergie fantastique à soutenir cet intérêt proliférant, qui fut suffisamment récompensée pour que nous n'ayons pas besoin de quémander l'aide du gouvernement. Nos collègues à Milkwood Permaculture eurent toutes les peines du monde à satisfaire les candidatures à leurs formations.

Dans « Le clivage des classes sociales par temps de pandémie », j'ai été plus polémique sur l'occasion, et la nécessité, de construire une nouvelle économie à l'ombre du vieux système. J'expliquais comment ce vieux système serait plombé par les dysfonctionnements et l'arbitraire croissants des gouvernements, c'est-à-dire par les caractéristiques structurelles du scénario de descente énergétique Brown Tech que j'avais décrit dans mes scénarios futurs[74].

Plus tôt cette année, dans « Le problème est la solution, mais les solutions peuvent aussi dégénérer en (bons vieux) problèmes », j'ai examiné comment une inversion perverse de cette fameuse maxime de la permaculture pousse l'humanité à s'envaser dans un dysfonctionnement de plus en plus grave, thème qui mobilise ma réflexion depuis au moins le milieu des années 1990.

Quand la pandémie est entrée dans sa seconde année, j'ai commencé à craindre que ses retombées psychosociales, et en particulier les stratégies adoptées mondialement et localement pour la combattre, ne représentent une menace existentielle pour la permaculture et les mouvements du même ordre. D'une certaine façon, cette menace est la même que celle qui pèse plus généralement sur les familles, les lieux de travail, les réseaux et les organisations, où la détermination à imposer la stratégie officielle (en particulier les confinements et la vaccination à marche forcée) creuse un véri-

---

74. David Holmgren, *Future Scenarios: How Communities Can Adapt to Peak Oil and Climate Change*, *op. cit.*, 2009.

table gouffre entre une majorité de plus en plus convaincue et une minorité qui questionne ou combat cette réponse officielle.

Mon but est ici de me concentrer sur la nécessité critique de mobiliser toutes nos ressources physiques, émotionnelles et intellectuelles pour sauvegarder l'échange en dépit de ce qui pourrait devenir un gouffre de frustration et de défiance dans notre mouvement, aussi bien que dans la société en général. Je souhaite examiner comment les principes d'éthique et de conception en permaculture[75] peuvent nous aider à franchir cet abîme sans censurer la vérité, ni éviter le débat. Même si la pandémie et les politiques conçues pour la combattre finiront par disparaître avec le temps, je crois que l'avenir sera marqué par des problèmes similaires qui mettront à l'épreuve notre capacité à tolérer l'incertitude et la diversité, et par conséquent à rester solidaires dans nos familles, comme dans nos collectifs de réflexion, d'enseignement et de pratiques.

Avant d'entrer en matière sur la façon dont les principes éthiques et de conception de la permaculture pourraient nous aider à gérer ces préoccupations immédiates, je crois important de prendre un peu de recul pour expliquer comment le cadre des scénarios futurs de descente énergétique peut éclairer et mettre en perspective quelques-unes des raisons pour lesquelles les émotions s'échauffent et se polarisent dans la circonstance actuelle.

Scénarios futurs

La démarche positive qui caractérise la permaculture a toujours été basée sur une vision sombre de l'état du monde et des menaces à long terme qui pèsent sur lui. Elle prit forme dans un creuset d'activisme environnemental pionnier, en Tasmanie, à l'époque où le rapport *Les Limites à la*

75. Pour un aperçu de ces principes, voir permacultureprinciples.com

croissance publié par le Club de Rome défrayait la chronique, du moins dans les cercles où Mollison et moi évoluions.

Dans le cours de « conception en permaculture » qu'il avait mis sur pied, Mollison consacrait une journée entière à ce qu'il appelait les « preuves » (de la nécessité de la permaculture). Dans *Principes et pistes d'action au-delà du soutenable*[76], j'ai hissé à ce mât mon propre drapeau en expliquant que la permaculture était une démarche de conception visant à répondre à la « descente énergétique » envisagée comme le futur le plus probable auquel l'humanité sera confrontée lorsque les réserves de combustibles fossiles seront épuisées, et que leur combustion nous aura fait basculer dans le Pyrocène[77].

En 2006, Richard Heinberg et moi conjuguâmes nos efforts pour montrer que la permaculture était une réponse existante, créative, réfléchie et ascendante (*bottom-up*) aux menaces jumelles du pic du pétrole et du changement climatique[78]. En 2008, avec l'aide d'Adam Grubb, fondateur de l'*Energy Bulletin* (aujourd'hui resilience.org), j'ai publié *Future Scenarios,* une exploration en ligne et en accès libre de quatre scénarios à court terme (Brown Tech, Green Tech, intendance de la Terre et canots de sauvetage) résultant du croisement entre d'un côté le rythme d'épuisement du pétrole et des ressources, et de l'autre la plus ou moins grande rapidité d'advenue d'un changement climatique grave.

---

76. David Holmgren, *Permaculture : Principes et pistes d'actions pour un mode de vie soutenable*, *op. cit.*, 2014 [2002].

77. Calqué sur l'Anthropocène, ce néologisme a été inventé par l'historien de l'environnement états-unien Stephen J. Pyne pour décrire un monde forgé par la maîtrise du feu par l'homme. Pyne emploie le terme pour la première fois dans son essai « The Fire Age », *Aeon*, 5 mai 2015, https://aeon.co/essays/how-humans-made-fire-and-fire-made-us-human (NDT)

78. Une présentation de la tournée de conférences que nous fîmes ensemble est accessible ici : www.holmgren.com.au/presentation/peak-oil-and-permaculture-tour/

Ce travail me valut une certaine reconnaissance dans le milieu académique des études prospectives mais mon ambition principale était de fournir aux permaculteurs focalisés sur le terrain une certaine hauteur de vue sur le monde dans lequel nos travaux pourraient prendre sens.

En 2011, je fis équipe avec Nicole Foss pour explorer et expliquer comment les dispositifs ultrarapides de la finance et de l'économie pourraient bien précipiter les variables plus lentes mais plus fondamentales de l'épuisement des ressources et du changement climatique.

De façon plus significative, en 2013, dans un essai intitulé « Crash on Demand : Bienvenue dans le futur Brown Tech[79] », je précisais lequel de ces scénarios, six ans seulement après que je les eus envisagés pour la première fois, me paraissait déjà poindre son nez. Même si désigner le vainqueur n'est pas l'objet de la prospective par scénarios, il me semblait que les signes étaient déjà assez clairs pour pouvoir le faire.

« Crash on Demand » fut assez controversé (dans le milieu alors assez limité des réseaux de la décroissance et de la descente énergétique) en raison de mon argument selon lequel les activistes du climat, déprimés, pourraient retrouver un peu d'efficacité en s'engageant activement dans la permaculture. Mon hypothèse était que si une minorité de la classe moyenne globale adoptait un mélange radical de productivité permacole et de frugalité volontaire, la baisse de consommation correspondante pourrait suffire à faire s'effondrer le système financier mondial, déjà vacillant, et à faire caler ainsi l'économie matérielle avant que des points de bascule ne précipitent notre monde dans des réchauffements de trois ou quatre degrés, voire plus. Les conséquences indésirables d'une telle crise mondiale seraient terribles, mais celle-ci pourrait nous donner le temps et la

79. Holmgren, « Crash on Demand: Welcome to the Brown-Tech Future », 2013, accessible sur holmgren.com.au/writing

commotion nécessaires pour réinitialiser notre espoir en une économie d'autosuffisance.

C'est le lot des prospectivistes que de se tromper, du moins dans le détail de leurs descriptions du futur, mais ce n'est qu'en peignant de telles images que les effets concrets potentiels de forces et de facteurs systémiques puissants, mais abstraits, peuvent être illustrés et rendus plus intelligibles.

En recourant à des exemples concrets pour illustrer ce changement systémique, je me suis ainsi trompé sur certains points. Avec la baisse des prix du pétrole, et parce que les crises d'approvisionnement annoncées n'eurent pas lieu, du moins pour la classe moyenne globale, l'inquiétude quant au pic pétrolier fut balayée par l'extraordinaire croissance de la production des gaz et huiles de schiste, surtout aux États-Unis.

En lisant les rapports de plusieurs experts indépendants qui calculaient que les huiles de schiste n'étaient pas économiquement viables au-dessous de 80 dollars le baril, j'avais alors estimé que ce prix serait assez élevé pour faire s'écrouler l'économie des secteurs non essentiels dans les vieux pays riches, et pour avoir des conséquences sérieuses dans les pays pauvres. Cependant, une combinaison de plusieurs facteurs, tels que l'afflux d'argent sans intérêts dû à la politique de assouplissement monétaire en réponse à la crise financière mondiale, le démantèlement de plusieurs régulations environnementales et la précipitation des investisseurs dans des bulles économiques[80], a fait que « l'Amérique saoudite[81] » a

80. La bulle économique désigne l'exubérance irrationnelle des marchés qui s'affranchissent de la valeur potentielle des entreprises et des investissements, notamment dans l'immobilier. L'expression vient de la « bulle des mers du Sud », un délire de spéculation qui ruina ne nombreux investisseurs britanniques en 1720.

81. Cette expression fait référence à la production domestique croissante d'énergies fossiles aux États-Unis depuis plusieurs années qui, grâce notamment à la fracturation hydraulique et au schiste bitumineux, a fait de l'Amérique un des premiers producteurs au monde de pétrole

pu laisser les rênes aux parieurs, et surtout à continuer de jouer des muscles pour provoquer des changements de régime et des guerres par procuration. En plus de l'érosion de la consommation amenée par la stagnation des salaires et l'insécurité du travail, les effets attendus les plus évidents du pic de production du pétrole conventionnel furent masqués par le boom du schiste. Il est ironique que j'aie eu trop confiance dans la rationalité des marchés pour croire qu'ils pourraient investir là où ils avaient peu de chance de récupérer leur mise.

Je crois que la pandémie garantit que le monde ne produira pas plus d'énergie liquide que lors du pic de 2018 du « total du pétrole et des autres liquides ». Savoir s'il s'agit là d'un effet accidentel ou planifié de la réponse à la pandémie, de désinvestissements et de mesures climatiques trop tardives, ou simplement d'un épuisement dépassant finalement les efforts herculéens aujourd'hui en perte de vitesse pour stimuler de nouvelles productions, il reviendra aux historiens futurs d'en débattre. La pandémie pourrait aussi marquer le point de bascule d'autres pics liés à celui de l'énergie : celui de la production industrielle mondiale, celui de la production alimentaire, celui de la population humaine et celui des émissions de gaz à effet de serre. On notera que cela correspondrait très étroitement au scénario par défaut que décrivait le modèle « World Three » dans *Les limites à la croissance* en 1972[82].

J'ai toujours été sceptique sur l'idée que la population mondiale atteindrait 10 milliards avant de décliner en raison d'une transition démographique naturelle. Les raisons majeures de mon scepticisme étaient le déclin de l'énergie nette et, plus récemment, le changement climatique

---

et de gaz naturel. Voir l'enquête de Bethany McLean, *Saudi America: The Truth About Fracking and How It's Changing the World*, New York : Columbia University Press, 2018. (NDT)

82. Donella H. Meadows, Dennis L. Meadows, Jørgen Randers et William W. Behrens III, *Halte à la croissance ?*, *op. cit.*

(comme on le voit dans *Future Scenarios*), même si j'ai toujours reconnu aussi l'importance des facteurs combinés de la dégradation écologique, de l'érosion de la biodiversité et de l'instabilité géopolitique, financière et microbiologique, pour n'en nommer que quelques-uns. Peut-être la pandémie et ses répercussions en cascade seront-elles identifiées comme le mécanisme responsable d'un pic de la population en 2030 à moins de 9 milliards, suivi d'un déclin principalement dû au chaos climatique. Mais il n'est pas non plus exclu que les historiens futurs pointent les excédents de mortalité associés à la pandémie et à ses conséquences comme la cause d'un pic de la population à 8 milliards en 2021.

Je dois reconnaître que je me suis trompé aussi sur une autre hypothèse, issue de mes scénarios futurs, qui percola dans *RetroSuburbia*[83]. Je pensais que la bulle immobilière en Australie et dans beaucoup d'autres pays riches exploserait probablement à la première épreuve de tension qui suivrait la création artificielle de richesse pendant et depuis la crise financière mondiale. J'avais déjà conclu que la contagion financière masquerait l'épuisement du pétrole comme facteur déterminant de la dépression économique et de la descente énergétique à plus long terme. Fin 2019, je me penchais sur plusieurs sources qui indiquaient que les instabilités croissantes des marchés obligataires (que je comprends à peine) étaient sur le point d'atteindre un stade critique.

La diffusion mondiale du virus déclencha alors une explosion d'émission monétaire, sans rapport avec celle qui fit suite à la crise financière mondiale, qui est parvenue (du moins jusqu'à nouvel ordre) à booster les marchés boursiers et immobiliers dans une nouvelle frénésie de capitalisme du désastre[84]. Il est presque impossible de se figurer l'échelle de

83. David Holmgren, *RetroSuburbia: The Downshifter's Guide to a Resilient Future*, *op. cit.*

84. Le capitalisme du désastre se sert des calamités naturelles ou autres (comme le changement climatique) pour fournir des services de récu-

la création de richesse factice en actions, dettes et produits dérivés[85].

Vivre en temps de pandémie présente assurément beaucoup des caractéristiques du scénario de Seconde Grande Dépression de ma fiction « Aussie Street[86] », mais les exercices d'écriture et de conte fictionnels ne font bien entendu pas l'objet des critiques réservées aux travaux de prospective sérieux.

Interpréter l'histoire récente au prisme du Brown Tech

Mon travail de prospective n'est toujours pas très bien compris ni même vraiment lu dans les cercles de la permaculture où la plupart des gens se concentrent naturellement sur la façon d'améliorer les choses autour d'eux. Je crois cependant qu'il est important que je revienne ici sur mon scénario Brown Tech. Je l'ai exploré dans des workshops montés aussi bien à travers l'Australie qu'à l'étranger entre 2006 et 2013, avant que je ne m'absorbe dans *RetroSuburbia*, c'est-à-dire dans la meilleure réponse positive que je pouvais contribuer à stimuler face au monde Brown Tech.

Le Brown Tech est le produit d'un lent déclin du pétrole conjugué au développement rapide d'un changement climatique sévère. Beaucoup de gens imaginaient ce scénario comme caractérisé par un climatoscepticisme au sommet du pouvoir qui rendrait la situation pire encore. L'idée

pération ou de reconstruction, financés par la puissance publique, qui ont pour caractéristique de profiter d'abord aux grosses entreprises qui les fournissent et d'accroître la dépendance générale. L'expression a été utilisée par Naomi Klein pour décrire l'évolution récente du capitalisme au cours des dernières décennies.

85. L'infographie de Jeff Desjardins dans « All of the World's Money and Markets in One Visualization », accessible sur visualcapitalist.com, est cependant très utile.

86. On peut visionner une présentation de « Aussie Street » sur www.retrosuburbia.com/resources/aussie-st-in-morwell/

d'une politique descendante (*top-down*) accélérant tout pour le pire voyait juste, mais sa composante climatosceptique ratait la cible. Une réponse tardive mais puissante (type état d'urgence) au changement climatique, dans un contexte de crise, serait une description plus exacte de ce scénario.

Le lent déclin du pétrole conventionnel (après un pic autour de 2008) et d'autres ressources clés fournit toujours assez d'énergie pour faire tourner des sociétés urbano-centrées, technologiquement complexes, et mondialement connectées. Cependant, le déclin plus rapide de l'énergie nette disponible (au-delà de celle qui est nécessaire pour entretenir et développer les industries énergétiques) entraîne une réduction de la consommation et d'autres tensions qui ont toutes les caractéristiques de la récession et de la crise, même si les signaux suivis par les économistes traditionnels restent globalement au vert.

En même temps, l'accélération rapide du changement climatique (au-delà des pires projections officielles de 2007) aggrave et multiplie les événements météorologiques extrêmes – les sécheresses, les mégafeux et autres catastrophes naturelles – qui ont des incidences l'approvisionnement mondial en nourriture et déclenchent des migrations de masse. Ces deux facteurs principaux interagissent et amplifient les tensions géopolitiques, financières et psychosociales qui ont fragilisé la Pax Americana[87].

À l'échelle mondiale, la théorie énergétique[88] indique qu'une énergie nette déclinante pour soutenir l'humanité devrait conduire à une réduction du nombre des niveaux

87. C'est-à-dire « l'ordre international fondé sur le respect des règles » du monde occidental dominé par les États-Unis, dans lequel nous vivons depuis la fin de la Seconde Guerre mondiale.

88. Nous traduisons ainsi l'expression *ecological energetics* qui renvoie aux travaux de Howard T. Odum, référence très importante pour David Holmgren. (NDT)

hiérarchiques du pouvoir, tout comme la croissance massive d'énergie nette après la Seconde Guerre mondiale a au contraire poussé au développement de structures de gouvernance internationales (en particulier l'Organisation des nations unies et ses auxiliaires). Le déclin de l'énergie nette va sans doute faire que les niveaux antérieurs du pouvoir organisationnel (en particulier celui de l'État-nation) vont devenir plus puissants, du moins par rapport aux institutions mondiales encore à peine émergentes.

Il est important de prendre un peu de recul pour comprendre les signes et signaux qui ont contribué à façonner le scénario Brown Tech. À la suite de l'effondrement de l'Union soviétique au début des années 1990, la Banque mondiale, le FMI, l'OMC, la Banque des règlements internationaux et les autres instruments de la Pax Americana devinrent hégémoniques. L'idéologie néolibérale des années 1980 et 1990 (mise en œuvre par ce que j'ai appelé la révolution thatchero-reaganienne) s'est nourrie et gargarisée de l'hubris de cette victoire, de l'internet et des autres manifestations d'une mondialisation accélérée. Cependant, depuis le tournant du millénaire, plusieurs crises ont montré que l'adhésion idéologique néolibérale au laisser-faire des forces du marché pilotées par les corporations n'était en réalité que très superficielle.

Au cours des deux dernières décennies, les gouvernements ont évolué vers une « économie dirigiste » pour répondre aux crises financières, géopolitiques et climatiques, brandissant la carotte et le bâton pour forcer entreprises et individus à obéir à des politiques d'état d'urgence comparables à celles qui sont décrétées en temps de guerre. À cause du déclin des effectifs et des moyens du secteur public, les États s'en remettent aux corporations pour effectuer le gros du travail, mais de plus en plus à la demande des gouvernements plutôt que des actionnaires.

Les prix élevés des hydrocarbures au début des années 2000, conséquence de l'épuisement des réserves de pétrole conventionnel et bon marché, encouragèrent un nationalisme des ressources. Il fut particulièrement notable en Russie et au Venezuela, où des gouvernements nationalistes puissants luttèrent contre le système mondial qui, jusqu'alors, avait poussé les ressources vers quiconque avait le plus de dollars pour les acheter. J'interprétais ces événements, tout comme la révolte des pays du tiers-monde en 1999 contre les règles du commerce proposées par l'OMC, comme signalant peut-être le pic et le déclin de la mondialisation. Je guettais alors les signes de ce pic de la mondialisation comme symptômes indirects d'un déclin de l'énergie nette (du moins par personne). Malheureusement, les études consacrées à l'énergie nette restent peu financées, et sont toujours confuses et controversées, jusque dans le secteur de l'énergie lui-même. L'idée qu'elles pourraient fournir des signes avant-coureurs en matière de régimes de gouvernance et de géopolitique effleure à peine le discours académique[89]. Cette vision énergétique et écologique du monde est précisément la pensée qui a conduit à la permaculture, et même si je vois bien qu'elle est très décalée par rapport à la quasi-totalité des visions du monde centrées sur l'humain, elle continue de m'aider à procéder depuis les motifs à très grande échelle jusqu'aux détails pertinents des projets créatifs situés.

Alors que les technologies de l'information et l'accession de la Chine au statut d'usine du monde semblaient indiquer une mondialisation sans cesse croissante, les signes discrets d'une énergie nette déclinante depuis 2000, et par conséquent d'une relocalisation des structures de pouvoir, n'ont fait que se multiplier.

---

89. Voir cependant les travaux de Howard T. Odum et de ses collègues, par exemple *Environment, Power, and Society for the Twenty-First Century: The Hierarchy of Energy*, New York :Columbia University Press, 2007.

Relocalisation

Aux yeux des gens engagés dans la permaculture ou dans plusieurs mouvements d'inspiration semblable, la relocalisation consiste essentiellement dans la réactivation de l'échelle communautaire. Mais dans la genèse des Scénarios futurs, le degré de relocalisation traduit la quantité d'énergie nette disponible et la fonctionnalité des services écosystémiques plutôt que des choix politiques conscients. Dans tous les scénarios de descente énergétique, les structures de gouvernance mondiale, à peine émergentes, se contractent ou échouent tandis que les niveaux de pouvoir de la nation, de la ville et son arrière-pays, du bled, du collectif ou de la maisonnée croissent plus ou moins afin de remplir la vacance de pouvoir laissée par l'étiolement des niveaux supérieurs. Ainsi, la montée en régime d'économies dirigées, pilotées par de puissants gouvernements centraux, comme en Chine, mais avec davantage de conflits commerciaux, de guerres par délégation, et de pressions diplomatiques, peut être considérée comme une forme de relocalisation (comparée à la gouvernance mondiale). Au cours de mes workshops, les réactions suscitées par ce recadrage du concept de relocalisation me divertissaient beaucoup.

Le 11-Septembre déclencha dans le monde plusieurs guerres de changement de régime visant à maintenir et renforcer la Pax Americana. Comme tous les efforts qui furent entrepris dans l'histoire pour proroger des empires vieillissants, cette stratégie sanglante et sa feuille de vigne, « la guerre contre le terrorisme », ne firent qu'accélérer l'épuisement des ressources et le dérèglement climatique. Elles provoquèrent la mort et l'exil de millions de personnes, et l'appauvrissement en masse des citoyens des classes moyennes aux États-Unis comme dans les autres vieilles nations riches.

L'État de surveillance

La montée en régime de l'État surveillant a été une composante cruciale de la transition vers les économies dirigistes. La guerre contre le terrorisme fut l'argument avancé pour financer une extension massive de la bureaucratie et des pouvoirs de l'État (du type Homeland Security[90]), inaugurer de nouvelles formes d'emprisonnement (type Guantanamo) et justifier des expéditions punitives à travers le monde destinées à intimider (par exemple, la poursuite de Julian Assange par les autorités américaines). Une bonne partie de l'infrastructure et des bases de données de l'État de surveillance s'est appuyée sur le *business model* des géants de la tech récoltant du big data sur tout et tout le monde. La classe moyenne mondiale, et à présent les travailleurs pauvres, ont fourni des données en alimentant à l'étourdie des « services gratuits » dont on « ne peut pas se passer ». Au moins dans ces premiers stades, les gens ont-ils été menés par la carotte plutôt que par le bâton.

La financiarisation de l'économie a donné à ceux qui font encore partie de la classe moyenne le sentiment de demeurer dans une certaine aisance grâce à toute une série de bulles économiques, immobilières et boursières. L'accumulation de richesses et la corruption obscènes en haut de la pyramide, l'inquiétude et la crainte du futur des classes moyennes, et la colère des travailleurs pauvres ont conduit à l'émergence de nouveaux programmes, mouvements et pouvoirs politiques qui vont des partis populistes et nationalistes à droite jusqu'à d'audacieuses propositions keynésiennes à gauche (par exemple le Green New Deal) afin d'employer cette richesse pour le bien commun.

Mais ce que la plupart des participants à ces débats n'arrivent pas à comprendre, c'est que l'argent n'est pas de la

---

90. Le département de la Sécurité intérieure des États-Unis fut créé en 2002 en réponse aux attentats du 11 septembre 2001 à l'initiative du président George W. Bush. (NDT)

vraie richesse, et que la croissance de l'argent et de la dette depuis les années 1970 (sans ressources derrière) ne peut aboutir qu'à pomper la richesse réelle de la Terre et de la créativité humaine jusqu'à l'épuisement. Je dois l'admettre, je pensais que la crise financière mondiale de 2008 mettrait un terme à cette folie par une dépression plus grave encore que la crise de 1929. Depuis, la fabrication monétaire s'est accélérée, mais la majeure partie de cette création de richesse a fini dans les poches de quelques entreprises, des fonds spéculatifs et de leurs actionnaires ultra-riches.

Parquer l'argent chez les riches

Comme je cherchais à comprendre cette accumulation obscène de richesse par les élites, une idée d'Erik Lindberg[91] m'a semblé très plausible et a modifié mon point de vue sur la question. Les super-riches sont si peu nombreux qu'il y a une limite au nombre de Rolls-Royce qu'ils peuvent conduire, et à la quantité de caviar et de champagne qu'ils peuvent ingurgiter. À part quelques nouvelles formes de divertissement ultra-énergivores, comme le tourisme spatial, l'essentiel de la richesse virtuelle des super-riches est stockée dans des formats qui ne conduisent pas directement à une demande accrue de ressources et d'énergie.

En revanche, tout plan de redistribution de cette richesse, qu'il soit destiné à financer des infrastructures publiques ou à la répartir aux citoyens des pays déjà riches, voire à ceux des pays pauvres, stimulerait immédiatement une demande accrue de ressources matérielles et énergétiques de la Mère Nature. En plus d'aggraver la dégradation de l'environnement et le chaos climatique, cela déclencherait surtout de multiples pénuries qui, faisant s'envoler les prix, conduiraient à de grosses restructurations pour répondre à

91. Voir Erik Lindberg « Post Peak Minsky: Debt, Unsustainability, and Inequality », *Resilience*, 16 avril 2018, accessible sur resilience.org

la demande, avec pour effet de priver de ressources tous les autres secteurs de l'économie. Pour prendre un exemple, l'Agence internationale de l'énergie (AIE) a récemment prédit que, pour atteindre les ambitions climatiques mondiales, il faudrait multiplier par 42 l'extraction annuelle du lithium d'ici 2040[92]. Et ce n'est que l'un des éléments essentiels que réclame la transition énergétique vers les renouvelables. En abandonnant la richesse aux riches, l'effondrement du système financier mondial, parfaitement artificiel, est provisoirement retardé, du moins pour l'instant.

La question de savoir comment cette explication pourrait modifier nos attitudes et nos actions à l'échelle individuelle et collective mériterait à elle seule tout un essai, mais je ne suis pas encore parvenu à en faire le tour, ni même à autre chose qu'à la hasarder ici et là.

Bienvenue dans le futur Brown Tech

Tels sont quelques-unes des caractéristiques du contexte Brown Tech où les gouvernements se trouvent forcés de s'affirmer en instrumentalisant la crise pour transformer des sociétés sociodémocrates qui ne peuvent pratiquement pas évoluer autrement. Les économies dirigées de sociétés comme la Chine, alors même que notre propagande s'emploie à les diaboliser, servent de plus en plus clairement de modèles sur la façon de gérer les menaces aussi bien intérieures qu'extérieures. Cette formule d'un fort pouvoir central mobilisant sa population vers des buts nationaux et harnachant la puissance des entreprises pour atteindre ses ambitions a un nom. Ce fut la définition même du fascisme selon Mussolini, même si ce mot relève plus de l'insulte aujourd'hui. Je crois en effet qu'il est techniquement justifié

92. Voir International Energy Agency, « The Role of Critical Minerals in Clean Energy Transitions », 2021, téléchargeable en PDF sur www.iea.org

de décrire la Chine comme un état fasciste, mais le faire aujourd'hui revient à abonder dans l'hystérie anti-chinoise.

Quelle que soit la nouvelle puissance hégémonique mondiale ou régionale, le système de l'économie dirigiste, quand bien même il pourrait durer plusieurs décennies avant de s'effondrer, est fondamentalement insoutenable dans le contexte de descente énergétique à long terme. Dans mon modèle de scénarios futurs, le scénario Green Tech, plus doux, glisserait nécessairement vers celui de l'intendance de la Terre par suite de la descente énergétique en cours, peut-être après des décennies de stabilité (comme j'ai essayé de l'illustrer dans mon « Histoire du futur », située dans la Djaara Country dans le Central Victoria, en 2086[93]).

Malheureusement, le Brown Tech aura plutôt tendance à conduire à un blindage des systèmes urbains contre l'accélération du changement climatique et d'autres crises, pour dégénérer ensuite vers le scénario des canots de sauvetage quelque part au cours de ce siècle. Mais laissant de côté ces éventualités à plus long terme, il nous faut urgemment comprendre et imaginer comment traverser le scénario Brown Tech dont nous voyons les dispositifs se durcir autour de nous.

Blindage des centres et abandon des périphéries

Particulièrement critique pour la permaculture, comme pour les autres groupes et réseaux marginaux, est la tension systémique, typique du Brown Tech, entre des centres fortifiés et des périphéries à l'abandon. Les gouvernements vont probablement tendre à discontinuer les services dans les arrière-pays pour investir dans la protection des services

93. Ma fiction « A History from the Future », 2016, met en scène un mélange de Brown Tech et de Green Tech et anticipe une domination de la Chine comme puissance mondiale influençant tout ce qui se passe, dans notre région de l'Australie en tout cas ; elle est accessible sur retrosuburbia.com/reading.

urbains, et en particulier des métropoles. La division entre ville et campagne s'aggrave, en dépit de renversements de vapeur temporaires dus à la dynamique des infrastructures de communication et au déploiement des systèmes de production énergétique autonomes.

Dans le scénario Green Tech, ces différentes dimensions de la révolution des énergies renouvelables donnent plus de pouvoir économique aux arrière-pays. Mais dans le monde Brown Tech, une réponse tardive à la crise climatique conduira sans doute à ce que le déploiement des énergies renouvelables soit contrôlé par de grandes entreprises (plutôt que par des coopératives communautaires comme notre Hepburn Wind local[94]). Même si des emplois de techniciens et d'autres types de services liés au déploiement des énergies renouvelables pourraient, grâce à une croissance de l'extraction des minéraux et métaux nécessaires, faire que certaines régions de l'Australie continuent à prospérer, les rendements nets de toute cette activité seront sans doute investis dans la fortification des centres urbains et la logistique d'approvisionnement centralisée. Dans mes workshops sur les Scénarios futurs, j'illustrais cette tension entre ville et campagne par l'exemple des feux de forêt conduisant à la fermeture probable des lignes électriques en retour de terre monofilaire dont la Black Saturday Royal Commission disait qu'elles devraient être enterrées. J'émettais l'hypothèse que les pouvoirs publics offriraient aides et subventions aux propriétaires ruraux installés dans des lieux reculés et difficiles à desservir afin qu'ils se relocalisent dans des villes et des métropoles « défendables[95] ». Jusqu'à présent, dans le monde réel, la réponse a consisté pour l'essentiel à bricoler avec un mélange de solutions technico-commerciales

94. Voir supra, note 57.

95. Cette hypothèse est également mise en scène dans mon texte « A History from the Future ».

(comme l'énergie rurale autonome) et des budgets publics croissants pour combattre et contrôler les feux de forêt et gérer les évacuations.

Dans ces workshops, je faisais aussi l'hypothèse que le renforcement du centre et l'abandon de la périphérie se produiraient au-delà du seul plan géographique. À mesure que les pressions et tensions s'aggraveront sur les services publics, par exemple l'aide sociale et la santé, le gouvernement forcera sans doute les gens à accepter des situations indésirables dans l'économie pour justifier l'armature de plus en plus chère de systèmes lourds en technologies complexes, en s'assurant d'avoir ainsi, à disposition, une masse critique de « clients » et de travailleurs qualifiés pour garantir leur viabilité. Par exemple, pour justifier l'investissement très capitalistique dans tel ou tel équipement médical, les hôpitaux ont besoin de plus de patients, alors même que le système de santé est déjà débordé par le nombre des malades en manque de soins. L'alternative sera de devenir plus autonome sur les plans individuel et collectif, et de se passer des services centraux.

Mon autre exemple est cher au cœur et aux tripes des permaculteurs. À mesure que les problèmes climatiques, énergétiques et géopolitiques menacent de plus en plus le système alimentaire central, les grosses entreprises savent qu'il leur faut conquérir des positions de monopoles et briser la concurrence marginale des marchés de producteurs, des réseaux d'agriculture locale, et des jardins familiaux ou communautaires. Pourtant, des subventions publiques de toutes sortes encouragent les jardins communautaires ou l'installation de nouvelles exploitations agricoles de niche. Les politiques menées par tel département, ou à tel niveau de gouvernement, entreront en conflit avec celles des autres et aboutiront à une schizophrénie systémique. Pour le citoyen ordinaire, ces tensions entre l'encouragement à la centralisation de la consommation et du travail d'un côté, et le soutien simultané à l'autonomie périphérique de l'autre, seront vécues comme un choix entre 1.) la sécurité et le confort au prix de l'indépendance, et 2.) un idéal d'autonomie et de liberté, mais menacé par une grande incertitude, et par un gros risque d'échec, de sanction, voire d'exclusion. Dans « Aussie Street », j'ai brossé un tableau suggérant que l'accès aux rations alimentaires garanties par Moles et Bullies[96] serait conditionné à la détention d'une carte Aussie Street. Dans « History from the Future », j'ai ajouté l'hypothèse d'une tension politique entre un gouvernement fortement centralisé (travailliste) à Canberra, et un gouvernement passablement libertarien (libéral) à Melbourne, tirant dans des directions opposées.

Psychologie des réponses aux menaces et aux opportunités du scénario Brown Tech

Il me paraissait évident que, confrontés à ce genre d'alternative, la plupart des gens choisiraient de rester à l'intérieur des restrictions croissantes du système tandis qu'une minorité seulement choisirait la liberté et l'autonomie pour eux-mêmes, leurs familles et leurs communautés, dans les marges. Ceux qui, pour une raison ou pour une autre, sont profondément sceptiques à l'égard du système auront par principe tendance à résister au contrôle et à en supporter les conséquences, tandis que ceux qui lui conservent une certaine confiance tendront à se serrer les coudes pour se soutenir et se renforcer mutuellement dans l'acceptation de nouvelles contraintes en vue du bien commun et d'un futur meilleur.

Notre psychologie individuelle, qui peut tendre à vouloir être aimé et à s'intégrer, ou au contraire à mener sa propre barque, joue un rôle là-dedans, tout comme notre idéologie sur la façon dont la société devrait être organisée. Les valeurs libertariennes et anarchistes poussent évidemment

96. Voir supra note 35.

vers la marginalité, tandis que celles du bien commun, qui incluent la plupart des valeurs environnementales, encouragent plutôt à accepter et soutenir la mobilisation de tous dans un même effort collectif. Alors que l'ennemi extérieur a historiquement servi de cri de ralliement pour l'action collective, il y a beaucoup de résistance à cette métaphore chez ceux qui se mobilisent pour la justice sociale et pour l'environnement. Le mème de la « guerre contre le changement climatique » n'a pas vraiment fonctionné jusqu'à présent.

Réactions potentielles des permaculteurs aux réalités du Brown Tech

Les enseignants, concepteurs, praticiens et activistes de la permaculture (les *permies*) appliquent à des degrés divers leurs propres interprétations des principes éthiques et pratiques de la permaculture lorsqu'ils délibèrent sur des problèmes ou des choix difficiles, aussi bien dans leur vie personnelle qu'aux différentes échelles de leur engagement collectif.

Beaucoup de *permies* sont sensibles au principe qui recommande d'*utiliser les franges et de valoriser le marginal*[97]. Certains peuvent être prédisposés à la marginalité par leurs efforts vers l'autonomie individuelle et collective hors des systèmes centralisés, ce qui leur a donné une longueur d'avance ainsi qu'une révulsion esthétique pour les carcans des « cases à cocher » qui dominent de plus en plus tout le mode opératoire des administrations, des grosses entreprises et même des ONG. Pour certains d'entre nous, nos vies entières ont été consacrées à se préparer à de tels futurs. Dans d'autres cas, moins extrêmes, le simple fait

97. En anglais, « Use Edges and Value the Marginal ». (NDT) Voir www.permacultureprinciples.com pour une explication des principes de conception de la permaculture.

d'être conscient d'alternatives donne de l'espoir et un regain d'énergie, en particulier aux jeunes et audacieux qui sont prêts à prendre des risques.

D'un autre côté, la plupart des *permies* ont un sens développé du bien commun et du futur à long terme, et sont ainsi prédisposés à faire les sacrifices nécessaires pour ce bien commun. L'absence de tout discours public sur le moindre sacrifice qu'il serait nécessaire de faire pour ménager le climat, et cela jusque dans le mouvement environnemental dominant, est pour eux une grosse source d'exaspération.

À leurs yeux, le succès du combat climatique (du moins à court terme) dépend d'une mobilisation générale autour d'une urgence, semblable à la façon dont, depuis 2007 au moins, beaucoup d'activistes du mouvement pour le climat se sont efforcés de se coordonner et de se galvaniser. De ce point de vue, les crises apparaissent comme des occasions d'action collective après des décennies de malaise et de défaillance. Pour la majorité impatiente de voir enfin des plans sérieux entrer en action, les résistances récalcitrantes et subversives deviennent un objet de dérision voire de haine. Les efforts déployés pour construire ce point de vue sur la crise climatique ont déjà été inhibés pendant des années, avec pour résultat que l'action effective s'est produite trop lentement pour éviter le désastre.

Toutefois, à mesure que les crises se développent et que des bifurcations apparaissent à l'horizon du chemin, il y a de fortes chances pour qu'un membre d'une famille, d'un groupe ou d'un réseau prenne l'une de ces voies pour se retrouver bientôt sur un sentier longeant un abîme de plus en plus large et profond, tandis qu'un parent, ami ou collègue s'éloigne de l'autre côté. Le torrent bouillonnant d'angoisse psychosociale qui coule entre eux peut les empêcher de se comprendre ou même de s'entendre l'un l'autre. De plus en plus, les choses leur paraîtront soit noires soit blanches et les conforteront dans une certitude au moment même où toutes les certitudes s'effondrent. J'ai toujours travaillé à construire des coalitions au-dessus de fossés de ce genre[98].

Je crois qu'il est important de voir le Brown Tech comme une phase logique du démantèlement du monde techno-industriel par les forces systémiques de la descente énergétique, plutôt que comme une grande bataille de la sagesse bienveillante contre les résistances récalcitrantes et subversives, ou, au contraire, comme un plan diabolique pour la domination du monde qu'il faudrait combattre à tout prix et à chaque tournant. Pour une minorité de *permies*, de plus en plus rejetée, le monde Brown Tech qui émerge apparaît comme une folle dévolution tyrannique qui nous prive de nos droits et de nos libertés en imposant toutes sortes de contrôles sur ce qui relevait autrefois de la vie privée, tout cela peut-être orchestré par des élites de l'ombre déterminés à dominer le monde, voire pire.

Cela les conduit naturellement à frayer (et par conséquent à être amalgamés) avec des gens dont les valeurs et les profils idéologiques sont tout autre.

Depuis le cri de ralliement de George Bush pour mener la « guerre contre le terrorisme », « vous êtes soit avec nous, soit contre nous », j'ai commencé à nourrir un certain doute quant à la possibilité d'avoir encore des discussions nuancées en public. Pendant les années Trump, j'ai constaté que ces discussions devenaient effectivement difficiles, jusque dans les réseaux de la permaculture et les milieux apparentés ; et, oui, j'ai même été taxé de « suppôt de Trump » pour avoir cédé à ma passion invétérée à débattre (et à me faire l'avocat du diable).

Il y aura toujours des gens bons qui font de leur mieux dans des circonstances difficiles, et qui ont pourtant des

98. Comme je le montre par exemple dans mon texte « Bushfire Resilient Land and Climate Care », 2020, accessible sur holmgren.com.au/writing

visions différentes du monde. Par exemple, il n'est pas vraiment nécessaire de croire au changement climatique pour comprendre l'intérêt des stratégies de *RetroSuburbia*. À une époque où non seulement la tolérance, mais la valorisation des personnes différentes par la race, la religion, l'appartenance ethnique, le genre et les préférences sexuelles sont devenus si proclamés, les attitudes vis-à-vis des autres basées sur leurs croyances, leurs valeurs et leurs actions sombrent dans de nouveaux abîmes d'intolérance. Bien que les réseaux sociaux soient l'un des vecteurs de ces manifestations toxiques d'intolérance, je vois surtout cette intolérance croissante comme un symptôme de la façon dont la descente énergétique érode les certitudes de notre vision du monde.

Ma vision de l'état du monde est plus sombre que celle de la majorité des gens, mais c'est une chose que je suis parvenu à maîtriser au fil des décennies en consacrant l'essentiel de mon énergie à créer le monde que nous voulons en le vivant chaque jour au présent. Cet équilibre entre perspective sombre et action positive m'a peut-être préservé de la dépression, en partie parce que je ne vois pas les résultats les plus méprisables comme avant tout les produits d'intentions malignes. Mon essai, « Lettre d'excuses des baby-boomers aux générations qu'ils ont privées de leurs moyens », reconnaît que le mal qui a été fait fut essentiellement le produit de bonnes intentions.

Cela étant dit, en essayant de comprendre le comportement historique des élites confrontées à des crises systémiques, j'en suis venu à considérer que l'un des grands dangers du scénario Brown Tech est la diabolisation des groupes marginaux comme cause prétendue des problèmes dont souffre la majorité. Cette pensée m'est venue à l'adolescence avec le sentiment que l'Australie serait une bonne candidate pour cette caractéristique fasciste qu'est la chasse au bouc émissaire, si jamais il arrivait à ce pays chanceux de connaître des temps vraiment difficiles. La tentation des élites à amplifier la diffamation d'ennemis intérieurs qui contamineraient le corps politique est bien explorée dans les essais de la « Girard Series » que Charles Eisenstein a consacrée à ce phénomène, à la fois dans l'histoire et dans sa résurgence actuelle[99].

Ces dernières années, beaucoup d'activistes de l'environnement concentrés sur la quête de « solutions » ont puisé de l'énergie dans la conviction que nous sommes enfin en voie de résoudre le problème climatique, ainsi que tous les autres défis systémiques, grâce à des plans logiques et scientifiquement fondés, combinant des écotechnologies avec une réorganisation de la société.

Cependant, en bons permaculteurs, nous devrions nous rappeler l'intérêt qu'il y a à ne pas mettre tous les œufs de la société dans le même panier : la créativité naît dans les marges ; il y a des limites au principe important de l'intégration ; et les réponses massives et rapides aux crises peuvent souvent conduire à de plus grands désastres. Dès les premiers jours de la permaculture, j'ai alerté sur le danger que des mouvances écofascistes, qui pourraient naître de l'idéologie permaculturelle elle-même[100], deviennent dominantes dans un monde de changement chaotique.

Dans la situation présente, il nous faut être plus tolérants à l'égard de ceux qui cherchent des voies différentes dans les marges, et apprécier leur rôle de cobayes qui vont à contre-courant et tempèrent ainsi tout sentiment de certi-

---

99. Charles Eisenstein, 2021, accessible sur www.charleseisenstein.org/essays/

100. Dans un mail qu'il m'a adressé en réponse à une demande de clarification, Holmgren s'explique à ce sujet : « Une montée en régime hégémonique de l'idéologie permaculturelle pourrait déboucher (par exemple) sur une certaine reruralisation écofasciste de la société, voisine de celle qui a été mise en œuvre par les Khmers rouges au Cambodge, ou par la révolution culturelle chinoise lorsqu'elle exila les intellectuels à la campagne pour les mettre à l'école des paysans. » (NDT)

tude collective quant à ce qui aidera la société à traverser des futurs incertains. À titre d'exemple, même si je comprends la transition vers le « tout-électrique » pour laquelle milite l'écologie mainstream, je suis pour ma part un avocat farouche de l'énergie bois, sous ses formes aussi bien low tech que high tech, comme composante de la résilience permaculturelle dans les zones rurales, et même dans les banlieues[101].

Le pluralisme de la permaculture

Tous ceux qui sont engagés dans la permaculture savent que ses praticiens peuvent aboutir à des conclusions passablement différentes sur ce qui peut être la meilleure solution éthique ou pratique d'un même problème. Confrontés par exemple à des animaux sauvages, certains choisiront de dépenser beaucoup d'énergie et de ressources à construire des clôtures, des filets contre les oiseaux ou d'autres dispositifs de dissuasion pour protéger le produit de leurs efforts. D'autres traiteront la faune sauvage comme une ressource additionnelle du système, qu'il s'agit de récolter. Les deux approches peuvent également invoquer plusieurs principes de la permaculture, aussi bien que l'impératif éthique de soin de la Terre – et la plupart des *permies* adopteront plus ou moins les deux stratégies, en fonction du contexte.

De la même façon, beaucoup de permaculteurs pensent que l'impôt est essentiel pour redistribuer les ressources depuis les lieux d'abondance vers les lieux de rareté, et comme une manifestation de solidarité indispensable au fonctionnement comme à l'éthique de toute société. Pour d'autres, toutes les dépenses d'impôts des gouvernements représentent un viol des ressources de la Terre-Mère et une spoliation des peuples indigènes : au pire des crimes carac-

101. Voir par exemple le chapitre VI de *RetroSuburbia, op. cit.*, « Wood Energy: The Other Solar Revolution » ; voir aussi retrosuburbia.com

térisés, et au mieux des pansements appliqués sur des plaies purulentes. Une réponse éthique consiste à minimiser ses impôts en réduisant son revenu et sa consommation. Là encore, l'éthique et les principes de conception de la permaculture peuvent être invoqués à l'appui de chacune de ces positions.

De mon point de vue, se confronter au problème éthique et systémique est plus important que de savoir s'il y aurait une bonne réponse, et par conséquent une mauvaise, à la question posée. Par le passé, nous avons eu des débats houleux, assumé nos désaccords, mais il est rare que les participants aux cours de conception, aux rassemblements et aux réseaux de la permaculture, aient considéré les réponses données par d'autres comme des raisons de rejeter la permaculture. La plupart saluent au contraire les initiatives personnelles comme des expériences à petite échelle, dont les résultats, bons ou mauvais, mais instructifs, sont susceptibles d'en inspirer d'autres, en particulier celles de la génération prochaine, à mesure que nous sortirons de la descente énergétique pour, espérons-le, aborder des futurs plus sereins, ou en tout cas moins sinistres.

Une question plus controversée dans les réseaux de la permaculture est celle de la spiritualité comme source de sens et de sagesse à côté de la science. On peut y repérer des attitudes diamétralement opposées sur la spiritualité, mais la plupart des *permies* admettent qu'un certain sens spirituel inspire leur engagement.

Pourquoi donc devrais-je craindre que les divergences d'opinion et d'action sur les confinements et les vaccinations puissent représenter une menace existentielle pour le fameux pluralisme de la permaculture ?

Pour répondre à cette question, j'examinerai ici la pandémie et les réponses qu'elle a suscitées : la consensuelle aussi bien que la marginale.

Un Brown Tech au goût de pandémie

Je crois que la pandémie et les stratégies mises en œuvre pour la combattre représentent un tournant majeur dans la cristallisation d'un futur Brown Tech. Elles cochent en effet beaucoup de cases :

- une crise provoquée par la nature, prédite de longue date et, jusqu'à un certain point, anticipée et planifiée ;
- une incertitude chronique qui déjoue régulièrement les prévisions ;
- une crise qui, comme une guerre, exige la suspension de l'activité économique, des droits individuels et des processus de gouvernance qui ont cours en temps normal ;
- une demande d'action forte de la part du gouvernement pour défendre un intérêt commun instruit par la science ;
- un retour des politiques keynésiennes, impliquant une augmentation massive de l'endettement public ;
- un ennemi (le virus) qui peut être facilement diabolisé sans soulever trop d'objecteurs à ignorer ou réduire au silence ;
- une forte censure dans les grands médias, et de nouveaux efforts pour contrôler les réseaux sociaux afin d'en écarter tout débat qui pourrait enrayer le développement rapide du programme.

Si la crise n'est pas résolue, alors la diabolisation se tourne vers ceux qui résistent au plan.

Cette situation crée une bifurcation : certains permaculteurs se retrouveront (peut-être à leur propre surprise) à suivre le programme, d'autres seront d'autant plus résolus à opposer une résistance pacifique à telle ou telle mesure, et d'autres enfin se radicaliseront dans la résistance publique, en démissionnant de leurs emplois, en descendant dans la rue ou en s'adonnant à l'art satirique.

Nous pouvons apprendre et profiter, sur les plans individuel et collectif, de ces voies de plus en plus divergentes, mais ces leçons pourraient être douloureuses. Examinons donc les raisons qui peuvent amener les permaculteurs à emprunter ces différentes voies, et à se retrouver bientôt, parfois involontairement, dans des positions diamétralement opposées.

Le plan dominant

Bien qu'il y ait des différences d'opinion et d'avis sur les réponses gouvernementales à la pandémie, ces différences, même si elles peuvent être bruyantes, ne sont qu'assez marginales. Plus fondamentalement, le plan dominant, informé par l'institution scientifique et sanitaire, tient les choses suivantes pour évidentes :

- Le virus est pour la société une menace existentielle qui doit être circonscrite et désarmée, sinon éradiquée, avant la mise en place d'un nouvel état normal, tolérable et espéré.
- La distanciation sociale, les produits désinfectants, les tests, le traçage des contacts, les masques et plusieurs niveaux de quarantaine, le contrôle des frontières et les confinements sont les seuls moyens disponibles pour éviter l'effondrement du système de santé et une envolée dramatique de la mortalité à court terme.
- Une nouvelle technologie vaccinale est le seul espoir réel d'accéder à une nouvelle normalité tolérable.
- Pour atteindre une immunité collective efficace et minimiser la mortalité, une grande majorité de la population adulte, voire des enfants, doit être vaccinée aussi vite que possible.
- Les effets négatifs de ces vaccins provisoirement approuvés sont mineurs et/ou rares, et bien moins graves que les risques de la maladie.
- Les traitements préventifs ou prescrits en début de maladie n'ont au mieux qu'un intérêt marginal, et ne représentent vraisemblablement que faux espoirs et charlatanisme.

- La suspension des libertés civiles normales est une mesure nécessaire et temporaire pour réaliser le plan sans perdre de temps et réduire les souffrances dues à la fois au virus et au plan lui-même.
- Les individus qui s'opposent activement au plan doivent être sanctionnés par des mesures sociales, économiques, voire légales, afin que leurs actions n'empêchent pas le plan de fonctionner pour le bien de tous.
- Au-delà d'un débat marginal sur les meilleurs moyens de répondre à ces données, les controverses et remises en cause portant sur la science, la logistique, l'économie, le droit, la politique, les médias et les réseaux sociaux ne sont pas juste inutiles mais représentent une menace existentielle pour le plan et pour la société en général. Il faut donc les éviter par tous les moyens.
- Il est de la responsabilité de chaque citoyen de jouer un rôle dans le plan, de convaincre avec force ceux qui sont hésitants, d'interpeller ceux qui ne suivent pas le plan, et de s'opposer en particulier à ceux qui lui résistent activement.

Les permaculteurs qui suivent le plan se voient probablement comme les parties prenantes d'un effort collectif, à l'échelle de la société tout entière, pour minimiser la peine et la souffrance des personnes âgées, désavantagées ou de santé fragile ; ils privilégient un bien collectif et à plus long terme au prix d'un sacrifice individuel à court terme. Pour beaucoup d'entre nous, c'est une parfaite métaphore de ce qui est nécessaire pour affronter l'urgence climatique. En acceptant ce qui semble être un large consensus des experts de la science et de la médecine à l'échelle mondiale, nationale et locale, nous laissons de côté le long débat et le manque de consensus technique qui ont empêché les gouvernements d'entreprendre une action forte pour affronter cette urgence climatique.

Pour beaucoup, la pandémie sonne comme une sorte de fin de récréation invitant à sortir de ce qui pourrait avoir été un mépris un peu adolescent pour le gouvernement, les experts et les entreprises, dont il faudrait savoir reconnaître qu'en l'occurrence ils ont *la réponse*. Peut-être nos expérimentations alternatives des beaux jours doivent-elles être mises de côté, comme on disait, pendant la Première Guerre mondiale, qu'il n'y avait pas d'athées dans les tranchées. Si nous n'éprouvons peut-être pas le besoin de prier Dieu, beaucoup d'entre nous voient la Science comme une espèce de salvatrice dans une pandémie qui ébranle une bonne partie de ce qui nous paraissait évident. Tout comme nous n'avons jamais vraiment compris les détails des modèles et de la science du climat, nous ne maîtrisons pas non plus les complexités de la virologie et de l'épidémiologie mais supposons que des protocoles scientifiques de recherche, de validation par les pairs et de débat ont été mis en œuvre pendant des années, voire des décennies, pour amener un consensus d'experts justifiant l'action d'urgence.

Pour les permaculteurs désespérés par le gâchis et le dysfonctionnement de la société de consommation, la fermeture, même temporaire, de nombreux services et entreprises est un avant-goût de la nécessité où nous allons être de décider ce qui est vraiment important : choix de consommation maximum pour les riches ou garantie des besoins fondamentaux pour tous. Le sacrifice personnel et l'adaptation aux difficultés, comme le confinement à domicile, ont été des occasions de se concentrer davantage sur les choses importantes de la vie, et de goûter à ce qu'est la solidarité sociale.

Les opinions dissidentes semblent venir la plupart du temps de sources contaminées par leur association au climatoscepticisme et à d'autres idéologies que nous rejetons catégoriquement. Pour beaucoup, l'indignation des dissidents ne paraît être qu'une nouvelle expression de l'égoïsme, du déni de la science et de l'ignorance des ploucs de droite déterminés à faire échouer la sagesse collective et la solidarité sociale.

Les fameux et puissants mauvais joueurs des multinationales et des États-nations ont été remplacés par des quidams énervés qui, sans grand pouvoir ni vision, menacent de ruiner le dur travail de la collectivité pour créer les conditions d'une nouvelle normalité qui fonctionne.

Le point de vue dissident

Il est plus difficile de généraliser sur ceux qui remettent en cause ou rejettent le programme. Une grande diversité de vues, d'argumentaires, de sentiments et d'actions se déploie dans un contexte de censure sans précédent. Tandis que ceux qui soutiennent le plan sont très agacés par les termes de « censure » ou de « propagande », les autres sont abasourdis par la rapidité avec laquelle la massue est tombée sur l'enquête et le débat dans les grands médias, les réseaux sociaux, les lieux de travail et les familles, et même sur ce que la plupart d'entre nous, jusqu'à très récemment, considérions comme nos droits inaliénables.

Pour beaucoup de permaculteurs, la pandémie paraît être un nouvel exemple de ces menaces surfaites, comme la « guerre contre les plantes invasives », la « guerre contre la drogue » ou la « guerre contre le terrorisme », qui sont mobilisées pour induire la population à adopter les stratégies solutionnistes chères au capitalisme du désastre[102]. La plupart des sceptiques reconnaissent la réalité du virus, mais le considèrent comme moins dangereux que le remède par le confinement et par les autres mesures draconiennes. La « guerre contre le virus » paraît tout aussi futile et dévoyée que toutes les autres guerres contre la nature, les substances et les concepts. Essayez donc d'avoir des discussions nuancées sur les virus comme mécanismes essentiels et largement symbiotiques pour l'échange de matériel génétique et la médiation de l'évolution !

---

102. Voir supra, note 83.

Même si la fermeture et la disparition de cafés, de salles de sport et de salons de coiffure pourraient ne pas être une grande perte, sauf pour les personnes directement touchées, beaucoup d'entre nous avons remarqué que la réponse officielle à la pandémie tend à soutenir et renforcer les entreprises dominantes avec pour effet d'affaiblir ou de ruiner les petits commerces et les activités communautaires autogérées.

Pendant le premier confinement, la politique du « Restez chez vous » fut célébrée comme une vraie bénédiction par les gens qui avaient reçu le message de *RetroSuburbia*. Depuis, l'idée que les habitats partagés et multigénérationnels sont suspects a été propagée, en particulier dans les banlieues ouvrières à l'ouest de Sidney et de Melbourne où vivent beaucoup de travailleurs essentiels et mal payés. Nous sommes passés de la bonne blague « quel permaculteur a inventé la pandémie ? » au constat grinçant que la réponse à la pandémie, comme dans une dystopie de science-fiction, s'emploie à aspirer les gens vers un niveau supérieur de dépendance vis-à-vis des systèmes techno-industriels.

De nombreux permaculteurs ont profité du basculement en ligne pour communiquer plus efficacement à l'échelle nationale et internationale, mais nous sommes en même temps profondément perturbés par notre dépendance grandissante vis-à-vis du virtuel et par ce qui apparaît comme une régulation draconienne des contacts informels avec les autres et la nature. Les conséquences que ces phénomènes pourraient avoir sur les enfants sont bien plus graves que la perte de l'interaction sociale très encadrée que ces derniers ont à l'école.

Pour beaucoup d'entre nous, il est parfaitement naturel d'être sceptique à l'égard de la stratégie massive et précipitée des géants de l'industrie pharmaceutique, auxquels on a garanti une immunité légale quant aux conséquences de leurs nouveaux produits. Beaucoup ont avancé l'argument rationnel que les très faibles risques du virus (en tout cas pour la plupart d'entre nous) semblent moins graves que l'inconnu d'une nouvelle technologie approuvée et imposée en temps record à une population frustrée et terrifiée. Certains se méfiaient déjà des vaccins en général, mais la plupart ont été convaincus par les propos largement censurés de quelques experts mondiaux, expliquant que ces vaccins présentent des risques d'une tout autre catégorie que ceux des vaccins précédents.

Bien qu'« attendre de voir ce qui se passe » puisse paraître égoïste à la majorité, la difficulté d'accéder aux données et à des interprétations non biaisées conduit beaucoup à s'en remettre à leur intuition. Plusieurs exemples d'altérations et de manipulations des données par les instances officielles, et surtout par les médias, provoquent une crise de confiance générale sur la plupart, voire tous les aspects de l'histoire officielle. Par exemple :

- Beaucoup d'entre nous ont vu la preuve que des traitements bon marché et à faibles risques existent et sont effectivement utilisés dans quelques pays qui résistent à l'orthodoxie selon laquelle il n'y aurait « aucun traitement disponible ».
- La plupart comprennent que si les vaccins paraissent offrir une certaine protection contre les effets les plus graves du virus, en tout cas au début de la maladie, ils n'arrêtent en revanche pas la transmission, en tout cas du dernier variant.
- Beaucoup se demandent pourquoi l'acquisition d'une immunité naturelle par suite d'une exposition antérieure au virus n'est pas considérée comme une solution éventuelle et qui mériterait d'être au moins discutée avant que des passeports sanitaires soient imposés.

Certaines préoccupations quant à des effets indésirables plus graves de ces vaccins, sur lesquels plusieurs experts ont attiré l'attention, dégénèrent en panique, colère et résistance à mesure que les preuves s'accumulent et que les efforts pour détourner ou manipuler les données s'aggravent.

Des conséquences extrêmes que beaucoup d'entre nous balayaient comme hautement improbables font maintenant surface dans des articles scientifiques très sérieux, des rapports cliniques, et des statistiques ou bases de données officielles.

Un processus similaire s'est déroulé avec les réponses officielles. Par exemple, les passeports vaccinaux sont maintenant largement envisagés et débattus comme un moyen de faire vacciner un maximum de gens au moment où l'efficacité des vaccins chancelle et où l'inquiétude sur leurs effets indésirables provoque l'opposition d'une minorité. Au début de la pandémie, cette hypothèse était stigmatisée comme paranoïaque et complotiste.

La France a mené la charge pour imposer les passeports vaccinaux pour l'accès à de nombreux lieux publics ou de travail, y compris les hôpitaux. Il est difficile de prédire quel sera le niveau de résistance en fonction des pays et des circonstances, mais il semble déjà que des industries entières perdront une part significative de leur force de travail à mesure qu'une minorité substantielle de la population cessera de travailler, de consommer et d'investir dans le système plutôt que d'accepter le vaccin. Que cela soit l'effet d'un plan, d'une incompétence politique, ou encore de l'inexplicable puissance virale des scientifiques et vaccinosceptiques censurés à enrayer le plus gros effort de propagande/relations publiques/éducation sanitaire de l'histoire, il est possible que le résultat soit une contraction économique bien plus grave que celle que les confinements ont entraînée jusqu'à présent[103].

Il est possible que cette contraction économique se produise surtout dans les secteurs non essentiels de l'économie, mais comment le système de santé encaisserait-il une perte

103. Je ne peux pas m'empêcher de voir dans ce qui se produit une version bizarre de mon scénario de « Crash on Demand ».

de personnel, en particulier si la conjonction de vaccins inefficaces contre les nouveaux variants et d'infections facilitées par les anticorps conduisait les individus médicalement informés à faire défection avant le reste de la population ? La solution pourrait notamment être d'importer des médecins et des infirmières de l'étranger[104], ou l'adoption de traitements possibles contre le covid qui sont aujourd'hui utilisés avec succès dans des pays comme le Mexique et l'Inde.

L'Australie et la Nouvelle-Zélande semblent être une espèce de banc d'essai des réglementations les plus autoritaires pour tâcher (sans succès) de maintenir les cas de covid aussi près que possible de zéro. Beaucoup de gens dans d'autres pays nous voient comme un État policier et se demandent pourquoi il n'y a pas eu plus de résistance chez nous.

Certains d'entre nous ont pris note de plans promus par le Forum économique mondial en vue d'un Global Reset où une économie dirigiste serait chargée de répondre à l'urgence climatique, et constaté que la pandémie est l'occasion de mettre en place certaines des structures et des procédures nécessaires pour créer ce qui serait une sorte de nouvel ordre mondial[105].

Pour beaucoup de gens, la voie qui va de la confiance à la défiance conduit soit à la profonde dépression, soit à une

---

104. Dans la semaine qui s'est écoulée depuis que j'ai écrit cette phrase, le recours aux médecins étrangers est devenu une composante du plan en Australie.

105. Juste après que j'ai terminé cet essai, on m'a signalé une analyse par le théoricien critique Fabio Vighi de la crise mondiale du système financier qui éclaire le contexte dans lequel la pandémie et les extraordinaires réponses descendantes pour la combattre se sont déployées. En complément des limites énergétiques et environnementales plus larges et plus lentes sur lesquelles je me concentre, cette étude nous aide à comprendre l'urgence d'une réforme radicale de l'économie mondiale pour la sauver de l'effondrement déclenché par la contagion financière, beaucoup plus que par la contagion biologique. Voir Fabio Vighi, « A Self-Fulfilling Prophecy: Systemic Collapose and Pandemic Simulation », *The Philosophical Salon*, 16 août 2021, thephilosophicalsalon.com

colère brutale, principalement dirigée contre les autorités mais souvent exprimée aux amis et à la famille au prix de grandes tensions entre tous les intéressés.

Bien que je nourrisse moi-même certaines de ces pensées et de ces sentiments, je ressens surtout une grande tension entre une fascination profonde et passablement détachée pour la vue d'ensemble de la situation et le sentiment d'urgence qui me gagne toujours au printemps pour être à pied d'œuvre sur les multiples tâches du jardin saisonnier et, plus généralement, pour tenir notre maison de Melliodora en parfait état. D'une certaine façon, c'est un état normal pour quelqu'un dont les pieds sont fermement plantés sur la terre, mais dont la tête est dans les nuages. J'ai l'impression de disposer enfin d'une loge de théâtre pour assister au spectacle du train de la civilisation techno-industrielle percutant le mur de pierre des limites de la croissance et partir en miettes, le tout au ralenti.

Un point de vue personnel sur la pandémie

Jusqu'à maintenant, parce que je souhaitais me concentrer sur les grands facteurs systémiques sans m'envaser dans les oppositions binaires – bon/mauvais, bien/mal, nous/eux –, je n'ai pas formulé mon interprétation personnelle, ni du virus ni de la réponse qui lui a été faite.

Cependant, nous devons tous affronter ce que la vie jette sur notre chemin avec les pauvres ressources personnelles et collectives que nous avons sous la main. Comme je m'y suis toujours efforcé dans ma vie, j'ai fait mon possible pour tâcher de comprendre la situation afin de guider mes décisions personnelles. Par le passé, j'ai toujours été clair sur mes conclusions et décisions, que ce soit autour du feu de camp ou dans les forums les plus publics. J'ai souvent blagué sur le confort que j'éprouve à être un dissident sur la plupart des sujets, passé à tabac à l'école primaire comme « coco traître » au début de la guerre du Vietnam, ou ostracisé dans les années 1990 pour m'être opposé à l'orthodoxie de la « guerre contre les invasives » menée par les écologistes mainstream. Mais aujourd'hui, être un dissident n'est plus du tout une plaisanterie. L'ambiance psychosociale est malheureusement devenue si toxique que les pressions à l'autocensure sont beaucoup plus puissantes et complexes. L'enjeu dépasse de beaucoup les émotions personnelles, l'égo, la réputation, les opportunités et les amendes.

En suivant mon instinct de transparence, je vais dire mon point de vue, qui a évolué depuis le moment où j'ai commencé à me demander si ce nouveau virus à Wuhan conduirait à une pandémie analogue à l'épidémie de grippe espagnole en 1919 ou même à un genre de peste noire. Je peux résumer mon point de vue et ce que j'aurais tendance à penser aujourd'hui par la liste qui suit :

- Le virus est bien réel, nouveau, et tue majoritairement des personnes âgées, malades et obèses, avec des symptômes à la fois comparables et différents de ceux des coronavirus apparentés.
- Il est très probablement le résultat d'une recherche de « gain de fonction » à l'institut de virologie de Wuhan en Chine, soutenue par des fonds du gouvernement américain.
- Une fuite, plutôt qu'une émission volontaire, est l'origine la plus probable de la pandémie.
- Les vaccins utilisés par les pays occidentaux sont basés sur une nouvelle technologie développée depuis de nombreuses années, mais qui n'a jamais débouché jusqu'à présent sur des vaccins efficaces ou sans danger.
- La peur du virus engendrée par la réponse officielle et la propagande des médias est hors de proportion avec les conséquences de la maladie.
- Des protocoles de traitement efficace pour le covid-19 existent, et s'ils sont mis en œuvre dans les premiers stades de la maladie, les hospitalisations et décès peuvent être

énormément réduits, comme l'ont démontré certains pays sévèrement touchés (en particulier le Mexique et l'Inde).

- Les répercussions socio-économiques et psychosociales de la réponse causeront plus de morts que le virus n'en a entraîné jusqu'à maintenant, en particulier dans les pays pauvres.
- L'efficacité des vaccins chute, tandis que leurs effets indésirables avérés sont déjà proportionnellement beaucoup plus importants que dans le cas des vaccins précédents.
- La sous-déclaration des effets indésirables est aussi beaucoup plus élevée que pour les vaccins précédents, encore que cette question soit toujours débattue.
- La possibilité de facilitation de l'infection par les anticorps[106] conduisant à davantage de morbidité et de mort à l'avenir est une préoccupation sérieuse et pourrait être déjà en train de se produire dans des pays comme Israël où de taux élevés de vaccinations ont été atteints très tôt.

Étant donné la nature toxique des vues déjà exprimées sur (et par) des gens que je connais et respecte, je ne vais pas me lancer ici dans une vaste collection de preuves, en listant les experts et les intermédiaires que je crois fiables pour interpréter le virus, les vaccins, où n'importe laquelle des autres pièces du casse-tête. Sous-traiter aux autorités notre responsabilité personnelle à bien nous renseigner est déjà une stratégie risquée dans les meilleures périodes ; dans les temps de trouble et de changement rapide, ces risques montent en flèche. Je ne cherche à convaincre personne de ne pas se faire vacciner, mais j'entends offrir solidarité à ceux qui s'efforcent (souvent seuls et isolés) de trouver des réponses. Aussi les deux conseils qui suivent sont-ils des points de départ qui pourraient, je crois, être utiles :

106. La facilitation de l'infection par des anticorps est un phénomène se produisant lors d'une infection virale, quand des anticorps non neutralisants de l'hôte facilitent l'entrée du virus dans certaines cellules hôtes, et parfois aussi sa réplication. (Source : Wikipédia) (NDT)

Pour ceux qui cherchent à comprendre les vaccins, leur efficacité et leurs risques, « Cet entretien pourrait vous sauver la vie : conversation avec le Dr Peter McCullough[107] » fournit un bon survol, avec des références aux données officielles, aux articles scientifiques, et aux expériences cliniques.

Pour ceux qui se concentrent sur les traitements disponibles, les médecins de la Front Line Covid-19 Critical Care Alliance (FLCCC) sont une bonne source d'informations dans le domaine rapidement émergent des pratiques cliniques.

À 66 ans et en bonne santé, je n'ai personnellement pas peur du virus, mais si une plus grande virulence et une mortalité plus élevée émergeaient avec de nouveaux variants, je pourrais adopter le traitement préventif recommandé par les médecins du FLCCC. Il n'y a en revanche aucune chance que je m'injecte l'un des vaccins actuels dans un futur proche, quelles que soient les sanctions et la diabolisation que me vaudrait ce refus.

Ici, certains lecteurs décideront peut-être d'ignorer tout ce que j'ai pu écrire, le jugeant manifestement stupide. Ce sont les inconvénients de la transparence – et une pierre de touche pour savoir si une pluralité de points de vue sur les questions graves peut encore être tolérée.

Dans toute pandémie réelle, l'observation directe de la maladie et de la mort provoque la peur de la maladie, l'auto-isolation et l'espoir d'une réponse protectrice. Les autorités essaient souvent de calmer les comportements publics pour éviter le chaos. Aujourd'hui, l'amplification sans précédent de la peur du virus et de la pression à observer les confinements et à se vacciner est jugée nécessaire vu l'impossibilité pour les individus de constater tangiblement l'ampleur de la menace. À mes yeux, cela ressemble davantage à une expé-

---

107. « This Interview Could Save Your Life: A Conversation with Dr. McCullough, Part #1 », *Perspectives on the Pandemic*, podcast, 2 septembre, 2021.

rience test menée en conditions de semi-contrôle plutôt qu'à une pandémie sévère qu'on s'attendrait à voir se produire comme la conséquence naturelle d'un monde de presque 8 milliards d'humains hyperconnectés.

D'un autre côté, la tendance à s'en remettre aux données officielles et à leur interprétation plutôt qu'à ses observations personnelles peut être très utile pour cimenter une prédisposition à « suivre la science » plutôt qu'à suivre son instinct de survie individuel. Des arguments très forts en ce sens pourraient être développés à l'égard de toutes sortes de menaces, telles que le tabagisme.

Je ne prétends pas que tout ceci soit partie intégrante d'une magistrale conspiration aux rouages parfaitement huilés. J'y vois plutôt l'effet d'une auto-organisation à évolution rapide où beaucoup d'acteurs et de coalitions disposant de gros moyens peuvent tirer parti des circonstances et les catalyser dans certaines directions.

Une autre explication du plan global apparent est le phénomène de verrouillage qui affecte les institutions et les élites mondialement interdépendantes. Une fois qu'il est engagé, la seule option pour masquer le désastre d'une stratégie défaillante est de doubler la mise. C'est une règle désormais bien établie dans le système financier mondial où la réponse à la crise de la dette est un surplus d'endettement.

Il y a de clairs parallèles entre cette crise pandémique et le problème du changement climatique où une menace abstraite n'est observable que grâce à l'enregistrement et la diffusion d'événements tels que les désastres naturels. Ainsi, l'acceptation du virus comme menace existentielle à la société pourrait frayer la voie de l'acceptation de mesures d'exception en réponse à l'urgence climatique.

Là encore, mon propos n'est pas de contester que le changement climatique est une menace existentielle, mais je suis par avance très sceptique à l'égard de toutes les politiques descendantes prétendument « nécessaires » qui ne manqueront pas d'être vendues au public pour produire l'espèce de mise au pas que nous avons vue avec la pandémie. Comme je l'ai déjà expliqué, il y a fort à parier qu'une réponse dirigiste rigoureuse à l'urgence climatique s'emploiera en même temps à discréditer et neutraliser les initiatives créatives d'atténuation et d'adaptation par le bas à la crise du climat. L'urgence climatique, comme l'urgence pandémique, sera utilisée pour vendre une stratégie standard universelle où nous devrons nous soumettre à des règles et des plans forgés par des élites hors-sol, prétendument pour le bien commun.

L'évolution rapide de la situation et de toutes ses dimensions – économiques, sociales et psychologiques – suggère tout un éventail d'hypothèses. On pense notamment à... une cyberpandémie qui ferait s'effondrer le système financier mondial ; une courte guerre entre la Chine et les États-Unis[108] ; une réduction rapide de la consommation de pétrole et d'autres ressources critiques, et par conséquent des émissions de gaz à effet de serre, par suite du virus ; et bien sûr un emballement des désastres climatiques.

Dans d'autres scénarios, les inquiétudes concernant le virus et la capacité de mettre le plan en œuvre pourraient devenir de plus en plus intenses, ou bien, tout au contraire, être rejetées en coulisses ou déplacées vers la gestion de la prochaine crise. Par conséquent, les détails de ce qui a fonctionné ou non, des bons et des méchants, se perdraient probablement dans le tourbillon boueux d'un magma de crises.

Valoriser les marges

La tolérance, sans parler de la célébration de la diversité, n'est pas, contrairement à ce que pensent la plupart des *permies*, un principe de permaculture facile à appliquer.

---

108. Cette éventualité fait partie de ma fiction « A History from the Future », qui se déroule en 2022.

Valoriser les marges peut même être encore plus dur, en particulier si on étudie les périodes les plus sombres de l'histoire humaine.

Durant l'essentiel de notre histoire, des ethnies et des subcultures minoritaires ont vécu en coexistence ambiguë avec des majorités dominantes. Pendant des centaines sinon des milliers d'années, mes ancêtres juifs firent des contributions importantes à la culture européenne tout en parvenant à préserver une part considérable de leur culture propre. Ils vivaient dans des ghettos non seulement pour se protéger des éruptions d'intolérance de la part des communautés chrétiennes dominantes mais pour faire en sorte que leur langue et leur culture ne soient pas noyées par celles de la majorité. Même si les juifs nourrissaient la croyance élitiste qu'ils étaient le peuple élu de Dieu, ils n'essayaient pas de convertir les autres et étaient naturellement respectueux à l'égard des chrétiens majoritaires. Ils survécurent à presque tous les pogroms antisémites en évitant de se mettre la majorité à dos et en acceptant les restrictions que leur imposait la société. Qu'auraient-ils pu faire d'autre ?

Une situation similaire pourrait émerger du virus et du vaccin, où une subculture de la naissance, de l'éducation et de la production nourricière à domicile, ainsi que des médecines alternatives, réunit des gens de subcultures autrefois différentes, dont les permaculteurs, qui sont exclues de la société. Cette exclusion semblera être auto-infligée aux yeux de la majorité, mais pour les exclus elle apparaîtra comme une question de survie et d'identité. Est-il possible de plaider pour une tolérance analogue à celle que l'on doit aux droits des autres minorités ? Ou est-ce juste une invitation à se faire lapider, sinon littéralement, du moins virtuellement sur les réseaux sociaux ?

Dans l'Inde précoloniale, je crois que les nombreuses minorités musulmanes qui existaient dans la plupart des communautés dominées par les hindous à travers le sous-continent fournirent un contingent nécessaire et proportionnel de mangeurs de viande pour contrôler la population des vaches, considérées ailleurs comme sacrées. Sans eux, l'écologie de la majorité hindoue végétarienne aurait pu ne pas être durable, tout comme une majorité de mangeurs de viande dans ce subcontinent, avant l'agriculture carburant aux énergies et aux engrais fossiles, aurait conduit à l'effondrement écologique. Les hindous et les musulmans, dans ces milliers de petites communautés, s'entendirent bien, ou en tout cas se tolérèrent mutuellement pendant des siècles, peut-être en raison de cette complémentarité écologique.

Malheureusement, l'une des faiblesses de la culture occidentale, récurrente dans les traditions chrétienne et musulmane, est l'idée que si une voie particulière est la bonne, alors tout le monde devrait la suivre. Mais pour la philosophie extrême-orientale et dans beaucoup de traditions indigènes, l'équilibre harmonieux est plus important que la voie juste. Le symbole du yin et du yang, où chaque pôle contient la graine du pôle opposé, représente cet antidote capital au thème occidental récurrent du triomphe du bien sur le mal. Dans *The Patterning Instinct*, Jeremy Lent montre comment ces différentes visions du monde ont façonné l'histoire, et que toute vision du monde écologique insistera forcément sur l'importance de l'équilibre harmonieux[109].

Au début des années 1990, lorsque nous discutions des recommandations de la restauration pour notre cours de conception en permaculture avec les hôtes du site végan qui l'accueillait, je mobilisai ce point de vue pour expliquer la base philosophique de la requête que nous faisions de

109. Jeremy Lent, *The Patterning Instinct: A Cultural History of Humanity's Search for Meaning*, Lanham (Maryland) : Rowman & Littlefield Publishers, 2017 ; Voir aussi jeremylent.com.

pouvoir utiliser une petite quantité d'œufs de nos poules de Melliodora. Après avoir dit tout le soin et l'amour avec lesquels ces poules étaient traitées par Su[110], j'expliquai que nous n'utiliserions qu'une petite quantité de leurs œufs. Je vis immédiatement que mon argument laissait mes interlocuteurs parfaitement froids, et je changeai donc de braquet. De leur point de vue, si élever des poules pour leurs œufs était mal, alors un œuf d'une de nos poules était sur le principe aussi condamnable que les fermes industrielles qui fournissent Moles et Bullies[111].

Leur point de vue était conforme à la tradition absolutiste occidentale, alors que la permaculture, si on peut la considérer comme une philosophie, voit le bon comportement comme contextuel et relatif, en résonance avec les traditions orientales. En permaculture, il est rare que l'on puisse tenir quoi que ce soit pour bon ou mauvais à 100 %, et c'est là un point sur lequel je suis revenu à maintes reprises pour essayer de désamorcer la « guerre contre les invasives », et plus généralement en invoquant l'aphorisme de Mollison : « Le problème est justement la solution. »

Les Bâtards de Voltaire et *Penser comme un État*

Les idées de l'historien canadien John Ralston Saul ont certainement aussi influé, et joué un rôle correctif, sur mon propre sentiment de certitude. Dans son livre magistral, *Les Bâtards de Voltaire*[112], Saul étudie les grandes figures qui combinèrent le pouvoir de la logique, de la collecte des données et de la technologie avec l'absolutisme de la tradition occidentale pour créer une « dictature de la raison ». Il traite d'exemples tels que :

110. Voir supra, note 34.

111. Voir supra, note 35.

112. John Ralston Saul, *Les Bâtards de Voltaire : la dictature de la raison en Occident*, Paris : Payot, 1993. Voir aussi johnralstonsaul.com

- les généraux des deux camps de la Première Guerre mondiale qui persistèrent à envoyer des vagues de jeunes hommes sous le feu des mitraillettes, poursuivant une logique conventionnelle du combat et qui n'avaient pas intégré des facteurs nouveaux qui échappaient à leur cadre conceptuel ;
- la nature apparemment logique et rationnelle du processus de décision nazi qui mit en œuvre les camps d'extermination à chambres à gaz pour des minorités diabolisées (et où périrent la plupart de mes parents juifs européens) ;
- Henry Kissinger remplaçant les débats ouverts qui caractérisaient les réunions du cabinet du président des États-Unis par une quantité impressionnante de rapports commandés à des experts (qui étaient tous sous ses ordres), ce qui eut pour effet de bureaucratiser le processus de décision.

La lecture de ce livre et de plusieurs autres études qui soulignent des moments critiques dans l'histoire de l'Occident depuis les grandes espérances des Lumières m'a fait réfléchir au rôle que j'avais alors comme « expert en conception et développement » de l'écovillage de Fryers Forest, avec toute la science rationnelle et tout le bagout pour expliquer le plan pour la forêt et la communauté. Ralston Saul m'aida à voir les limites de l'accumulation logique des preuves qui, en donnant toujours plus de certitude dans la croyance et dans les résultats, peut marginaliser d'autres façons de penser et d'agir. Même si je me délecte toujours des occasions de débattre d'un sujet donné, sans jamais lancer d'attaque *ad hominem*, je vois aussi les risques et les dangers lorsque l'accumulation de preuves et d'arguments réunis à partir d'un cadre idéologique particulier sert à surmonter et évacuer la valeur du doute, qui est le modeste antidote que recommande Ralston Saul contre les excès de la dictature de la raison.

Dans des discussions que j'ai eues récemment sur la pandémie, Daryl Taylor et Josh Floyd firent tous deux référence à *L'Œil de l'État*, de James C. Scott[113]. Ce livre montre comment la puissance de l'État-nation dépend d'une lisibilité qu'elle obtient en plaquant une grille simplifiée de collecte d'information et de gestion sur les réalités complexes des communautés et des paysages, sans laquelle elle ne peut contrôler son territoire et ses citoyens.

Les travaux de Ralston Saul et de Scott offrent des leçons capitales pour comprendre et traverser le vortex d'auto-organisation qui gouverne les politiques de réponse descendante au virus et en tout cas modérer les expressions hyperboliques du bien et du mal qui menacent de nous engloutir tous.

La sagesse du collectif

J'aimerais montrer l'exemple en essayant de comprendre et d'expliquer pourquoi il est bon que la majorité de la population paraisse embrasser fortement le plan officiel, et même qu'une majorité de mes confrères permaculteurs fassent la queue pour se faire vacciner, alors que je n'ai pour ma part aucune intention de le faire.

Tout d'abord, je reconnais la raison évidente que, si l'histoire officielle est juste, alors la majorité qui se sera fait vacciner se combinera avec l'immunité naturellement acquise pour contenir les pires effets du virus sans qu'il soit besoin d'imposer le vaccin aux derniers dissidents.

Ensuite, vu la pression à augmenter par tous les moyens le taux de vaccination, encourager à la résistance quelques indécis supplémentaires ne fera qu'exacerber cette pression. Cela conduirait éventuellement à des sanctions plus dras-

113. James C. Scott, *L'Œil de l'État : Moderniser, uniformiser, détruire*, New Haven : Yale University Press, 1998 ; voir aussi cette interview avec Scott en 2018 : « When the revolution becomes the state, it becomes my enemy again », accessible sur theconversation.com

tiques, à casser encore davantage les liens familiaux et les réputations, bref, à une peine et une souffrance qui pourraient être, pour les intéressés, pires que les effets délétères potentiels du virus, ou du vaccin.

Enfin, parce que beaucoup de gens dont je respecte l'intelligence et le comportement éthique suivent le plan, je ne tomberai pas dans le panneau de cesser de respecter ce qu'ils sont, ce qu'ils ont fait, et tout ce qu'ils pourraient faire d'autre à l'avenir. Et s'il s'avérait que ce plan marque l'entrée en scène d'un état dirigiste et fasciste plus permanent, alors il faudra qu'il se trouve des personnes moralement fiables à l'intérieur pour maintenir ouverts les quelques canaux de communication encore possibles.

Ma vie passée à mettre en œuvre ce que l'on qualifie à présent d'« adaptation radicale[114] » m'a amené à comprendre que lorsque les systèmes se défont, les récits qui donnaient sens au monde se défont aussi, et que dans la recherche désespérée de canots de sauvetage mentaux, d'autres récits viennent à l'avant-plan. Le récit dominant autour de la pandémie est l'un de ces canots de sauvetage mentaux qui permettent aux gens de continuer à croire et à fonctionner. Sans la source renouvelée de foi et d'ordre fournie par la science qui guide une magie technologique que peu d'entre nous comprennent (financée par la puissance apparemment illimitée de l'argent roi), le choc psychosocial de la pandémie, pourtant bien inférieur à celui de 1919, suffirait à créer un chaos social, économique et politique à une échelle sans précédent dans l'histoire, du moins dans les vieux pays riches comme l'Australie.

Quelle que soit la nature de la prochaine crise, je crois qu'elle exigera des citoyens qu'ils acceptent en gros que les comportements, droits et libertés que nous considérions comme évidents sont les produits d'un monde en voie de disparition. Elle révélera aussi à quel point la plupart d'entre

114. Voir www.deepadaptation.info

nous sommes dépendants de systèmes sur lesquels nous n'avons aucun contrôle, de sorte que ceux-là constateront qu'ils n'ont pas d'autre choix que d'accepter le nouvel état des choses.

Même si je fustigerai sans doute ce que je considère comme des sanctions inutiles infligées à ceux qui résistent, j'accepte que dans les premiers stades d'une descente énergétique Brown Tech, des contrôles sévères – et à bien des égards arbitraires – des comportements fassent partie de notre réalité et soient éventuellement nécessaires pour maintenir une espèce d'ordre social (même si celui-ci est myope et insoutenable à long terme). Mon but est de me concentrer sur les moyens de pallier les conséquences indésirables d'une évolution à laquelle l'humanité n'échappera pas.

Sur un plan plus philosophique, on pourrait voir le virus et la stratégie qui lui est opposée comme un exercice de méditation censé nous montrer comment personne n'est une île séparée du tout de la vie. Démonter l'idée toxique que nous sommes des agents libres qui pourrions faire ce que nous voulons sans considération des conséquences, en particulier sur les générations futures et sur la vaste communauté des êtres vivants, voilà une chose dont l'enseignement de la permaculture s'est efforcé de tirer les leçons pour la vie de tous les jours. La question de savoir comment y parvenir sérieusement est un défi permanent.

Sympathy for the Devil

Ayant ainsi fait l'effort de distinguer ce que le plan officiel pourrait offrir de bon, j'aimerais maintenant expliquer avec autant de force que possible pourquoi la majorité devrait au moins tolérer la minorité dissidente et ne pas continuer de la punir pour sa résistance. Afin de plaider pour cette tolérance à l'intérieur du mouvement de la permaculture, j'en appelle au pluralisme qui nous amène à célébrer la diversité dans l'action. Elle est particulièrement nécessaire lorsque des permaculteurs prennent le risque d'être les cobayes non vaccinés dans cette grande expérience qui est actuellement menée sur la famille humaine. Mieux encore, j'espère que nos collègues qui ont choisi de rejoindre la tente défendront notre droit à choisir notre voie, et ne se sentiront pas tenus de rester silencieux par crainte d'être éjectés de cette tente.

Tout en respectant les jeunes générations de permaculteurs qui suivent le programme pour le bien commun, je crois cependant que les adaptations les plus créatives et les plus profondes au monde Brown Tech seront mises en œuvre dans les marges géographiques et conceptuelles par de jeunes preneurs de risques qui s'organiseront en nouvelles communautés d'espoir. En tant que personne plus âgée, plus exposée au danger du virus et naturellement plus encline à éviter le risque (que je ne l'étais en tout cas quand j'avais 20 ans), je souhaite plaider pour qu'on respecte les jeunes qui, quasiment immunes face à ce danger, entendent bien échapper à la camisole que le monde adulte est en train de leur tailler, et tentent leur chance dans les marges pour y créer une nouvelle économie à l'ombre de l'ancienne.

Même si les voies respectives du centre fortifié et des marges férales comportent chacune leurs risques propres, ceux de l'intérieur, en particulier les personnes âgées, doivent admettre que les jeunes qui prennent le risque de la marge pourraient bien ouvrir, dans le goulot d'étranglement de la descente énergétique, des passages plus efficaces que les plans les plus rationnels et les plus massivement financés concoctés à partir du système de pensée qui a créé les crises de notre civilisation.

Que la pandémie conduise ou non à l'épanouissement de modèles d'adaptation créatifs, souples et légers, la crise de descente énergétique plus globale pour laquelle la permaculture fut conçue dès l'origine (et que la plupart des permaculteurs désignent sous le nom d'« urgence climatique ») réclame en tout cas ces réponses alternatives dans les marges.

Si le mouvement de la permaculture ne peut pas digérer cette vérité fondamentale et défendre au moins le droit des gens à tracer leurs propres voies en réponse à l'effondrement de toutes les certitudes, alors notre mouvement aura échoué à la première grande épreuve de sa pertinence dans un monde de descente énergétique.

Certains permaculteurs dissidents redoubleront d'efforts dans leur préparation à survivre et vivre en dépit des sanctions, tandis que d'autres se lanceront dans l'action directe non violente pour résister à ce qu'ils considèrent comme une punition collective draconienne et contre-productive. Ce faisant, ils pourront tirer leçons et inspiration des avant-gardes passées de la lutte pacifiste, de la défense de l'environnement, des combats pour la liberté d'expression et de l'art dissident.

Par le passé, les permaculteurs moins politisés qui s'efforçaient d'introduire la permaculture dans des milieux sociaux plus conservateurs reconnaissaient toutefois volontiers, au moins à titre privé, la pertinence de la fameuse formule qui dit que « la permaculture, c'est la révolution déguisée en jardinage ». Dans le climat qui règne aujourd'hui, les permaculteurs qui sont sous la tente peuvent-ils accepter et apprécier leurs collègues qui sont au front d'un nouveau mouvement de résistance susceptible de pondérer les extrêmes de la façon dont la société gère l'urgence climatique ? Ou vont-ils faire machine arrière et décider que la permaculture n'était en définitive qu'une divagation hippie qui est désormais contaminée par les effluves toxiques d'un délire complotiste d'extrême droite et doit par conséquent être abandonnée comme parfaitement déplacée dans notre nouveau monde ?

En disant cela, je ne suggère pas du tout que nous devrions tous faire pareil, et moins encore que nous devrions mépriser ou diaboliser ceux qui ne prennent pas la tangente. Ce serait contredire là encore l'éthique et les principes de conception de la permaculture. Comme nous l'avons toujours enseigné, ces principes éthiques et conceptuels, tout en étant universels, conduisent rarement à des solutions claires et évidentes. Les stratégies et les techniques varient en fonction du contexte ; des solutions de projet extrêmement élégantes dans un contexte donné peuvent être d'énormes et consternantes balourdises dans un autre. Tout est dans le contexte, et comme notre collègue Dan Palmer l'a si efficacement montré dans son « Living Design Process », le contexte humain est aussi complexe, subtil et varié que celui du territoire et de la nature[115].

Le droit des individus à choisir librement la façon dont ils gèrent la tension entre l'autonomie et les besoins de la communauté politique n'est pas juste un idéal de la civilisation des Lumières occidentale pour résoudre la question de savoir à quoi consacrer l'abondante manne des énergies fossiles. Il est une expression fondamentale de la façon dont l'écologie du contexte change en permanence, et du fait que tous les systèmes expriment la vie par le double mouvement de l'autonomie d'action par le bas et du pilotage par le haut de la sagesse collective.

Dans les périodes de grande stabilité, la sagesse distillée du collectif, incarnée dans des institutions, soutient la culture humaine dans le long terme. Parfois, les sanctions infligées aux individus qui rejetaient les règles du collectif étaient violentes et, à l'aune des critères modernes, arbitraires, mais ces règles permirent à la société de fonctionner pendant de longues périodes de stabilité relative. Mais dans les périodes de crise et de bouleversement, ce sont curieusement les dissidents des marges qui sauvegardent et transmettent vers un futur inconnu certaines des vérités de la culture moribonde pour façonner avec elles les motifs nouveaux d'une culture recombinée.

---

115. Voir www.livingdesignprocess.org

Ce que nous appelons la « science » trouve ses origines dans ce que Pythagore parvint à sauvegarder, presque à lui seul, des théocraties corrompues de l'ancienne Égypte dont il était un initié, avant d'abandonner le centre pour les marges de la civilisation. De considérables échecs dans l'application de la science prétendument fiable ont émaillé notre expérience vécue. Tragiquement, la science pourrait être l'une des victimes collatérales du passage de l'humanité à travers le goulot d'étranglement du chaos climatique et de la descente énergétique. La permaculture s'était donné pour ambition d'élaborer une science de conception appliquée et holistique, fondée sur l'observation et l'interaction, sur l'initiative et la responsabilité personnelle, sur l'acceptation des retours d'expérience (y compris négatifs), qui progresserait des motifs aux détails, et qui, enfin, serait créative aussi bien dans sa façon d'accueillir les changements que dans sa façon d'y réagir. Je persiste à croire que les versions sauvegardées et régénérées d'une science pratique élaborée dans les marges serviront mieux l'humanité que la foi rigide dans les arcanes du savoir spécialisé entretenu par un empire d'extraction et d'exploitation. Sommes-nous sûrs de savoir ce que le père de la science et des mathématiques ferait en ces temps de troubles ?

Mais, quelle que soit l'importance historique de cette époque, maintenir les contacts et les échanges malgré les divergences de vue et d'action à l'intérieur de la permaculture et des réseaux affiliés ne pourra que nous aider tous à faire face aux défis et opportunités que nous réserve la descente énergétique.

Crédits

1. Scénarios de descente

Ce texte est paru en anglais dans David Holmgren, *Future Scenarios: How Communities Can Adapt to Peak Oil and Climate Change*, White River Junction : Chelsea Green Publishing, 2009, chap. IV, p. 56-89.

Les quatre textes suivants furent initialement publiés sur le site officiel de l'auteur : holmgren.com.au/writing

2. Lettre d'excuses des baby-boomers aux générations qu'ils ont privées de leurs moyens

« An Apology from the Baby-Boomers to the Handicapped Generations », écrit au solstice d'été 2018 (c'est-à-dire décembre) et publié le 14 mars 2019.

3. Le clivage des classes sociales par temps de pandémie : une perspective permaculturelle

« The Class Divide in a Time of Pandemic : A Permaculture Perspective », écrit à Hepburn, Central Victoria, publié le 12 mai 2020.

4. Le problème est la solution ; mais les solutions peuvent aussi dégénérer en (bons vieux) problèmes

« The Problem is the Solution, but Solutions can Turn Back Into (the Same Old) Problems », publié le 24 janvier 2021.

5. Rumination pandémique : les nouveaux habits du Brown Tech

« Pandemic Brooding: Brown Tech in New Clothing », écrit à l'équinoxe du printemps 2021 (c'est-à-dire septembre) et publié le 1er octobre 2021.

L'introduction de Sébastien Marot reprend et complète celle qui a été publiée dans le numéro 5 de la revue *Marnes, documents d'architecture* (Building Books, 2020) pour présenter la traduction du chapitre IV de *Future Scenarios*, premier des textes repris dans ce volume sous le titre « Scénarios de descente ».

Chez Wildproject

Domaine sauvage

Ouvrages fondateurs de la pensée écologiste

Le Monde qui vient

Vers une écologie décoloniale

Poche

Petite bibliothèque d'écologie populaire

Deborah Bird Rose	*Vers des humanités écologiques*
Isabelle Stengers	*Résister au désastre*
Emmanuel Delannoy	*L'Économie expliquée aux humains*
Collectif	*Le livre est-il écologique ?*
Rachel Carson	*Printemps silencieux*
Institut Momentum	*Le Grand Paris après l'effondrement*
Julien Gravelle	*Nitassinan*
Barry Lopez	*Réécrire l'Amérique*
J. Baird Callicott	*Genèse*
M. Rollot & M. Schaffner	*Qu'est-ce qu'une biorégion ?*
Collectif	*Les Veines de la Terre*
Emmanuel Delannoy	*Permaéconomie*
Collectif	*Les Pensées de l'écologie*
Pierre Madelin	*Carnets d'estives*
J. Baird Callicott	*Éthique de la terre*
Aldo Leopold	*La Terre comme communauté*
Hugh Raffles	*Créatures de Tchernobyl*
Anna Tsing	*Proliférations*
L. Margulis & D. Sagan	*Microcosmos*
Collectif	*Des vivants et des luttes*
Cara New Daggett	*Pétromasculinité*

Tête nue

Des histoires de lieux

Jim Harrison & Gary Snyder	*Aristocrates sauvages*
Julien Gravelle	*Nitassinan*
Michel Samson	*Une frontière française*
Paul-Hervé Lavessière	*La Révolution de Paris*
Julien Gravelle	*Musher*
Pierre Schoentjes	*Ce qui a lieu. Essai d'écopoétique*
Robinson Jeffers	*Le Dieu sauvage du monde*
Kenneth White	*Le Gang du Kosmos*
Jean Salmona	*Une fugue de Bach*
Robert Richardson	*Henry David Thoreau. Biographie intérieure*
Pierre Madelin	*Carnet d'estives*
Pascal Menoret	*Royaume d'asphalte*
John B. Jackson & Peter Brown	*Habiter l'Ouest*
Kenneth White	*Une voix dans le supermarché*
Tadeusz Konwicki	*Chronique des événements amoureux*
Matthieu Duperrex	*Voyages en sol incertain*
Yvan Detraz	*Zone Sweet Zone*
Collectif	*Le Sentier du Grand Paris*
Anne Simon	*Une bête entre les lignes*

À partir de Marseille

Le monde entier à partir d'une ville

Michel Samson & Gilles Suzanne	*À fond de cale : un siècle de jazz à Marseille*
Julien Valnet	*M.A.R.S. : histoires et légendes du hip-hop marseillais*
Le Cercle des marcheurs	*Topoguide du GR®2013*
Geoffroy Mathieu & Bertrand Stofleth	*Paysages usagés : 100 points de vue depuis le GR®2013*
L'agence Touriste	*Comment se perdre sur un GR®*
Kristine Thiemann	*À Vitrolles*
Youssouf Djibaba	*Comme des rois*
Philippe Pujol	*French Deconnection. Au cœur des trafics*
Brahim Chikhi et Rachid Santaki	*La France de demain*
Claire Duport	*Héro(s). Au cœur de l'héroïne*
Michel Samson	*Marseille en procès*

Art & Architecture

François Génot	*Les Îles*
Matthieu Dumont	*Le Petit Livre des grands barbus*
Marc Molk	*Plein la vue*
Urbain, trop urbain	*Périphérique intérieur*
Cabanon Vertical	*L'Usage des formes*
Jean-Luc Brisson	*Politique des nuages*
Collectif	*Refuges périurbains. Un art à habiter*
Cabanon vertical	*L'Usage des formes*
Laurent Petit	*Happy End*
Collectif	*La Beauté d'une ville*

Achevé d'imprimer en décembre 2022 sur les presses de SEPEC Numérique
pour le compte des éditions Wildproject.
Numéro d'impression N12614221111.
Dépôt légal février 2023.